¿ME ACOMPAÑAS?

Sergi Torres

¿ME ACOMPAÑAS?

UNA INVITACIÓN A DESPERTAR

URANO

Argentina – Chile – Colombia – España
Estados Unidos – México – Perú – Uruguay – Venezuela

1.ª edición: Marzo 2017

Plaza de los Reyes Magos, 8, piso 1.º C y D – 28007 Madrid
www.mundourano.com
www.edicionesurano.com

ISBN: 978-84-7953-976-4
E-ISBN: 978-84-16715-95-4
Depósito legal: B-3.787-2016

Fotocomposición: Ediciones Urano, S.A.U.

Impreso por Liberdúplex, S.L. – Ctra. BV 2249 Km 7,4 – Polígono Industrial Torrentfondo
08791 Sant Llorenç d'Hortons (Barcelona)

Impreso en España – *Printed in Spain*

ÍNDICE

PRÓLOGO

La catarata es belleza silenciosa,
ciego el oído crea el estruendo

Conocí a Sergi hace algo más de dos años, era la primavera de 2014. Yo estaba buscando a alguien que impartiera la conferencia de clausura del Congreso de Meditación y Terapia que organizábamos para octubre de ese año. Me habían hablado de él, me habían dicho que llenaba hasta los topes el teatro Regina cada mes. Vi fragmentos de algunos de sus vídeos y pensé que era arriesgado traerle al congreso. No era terapeuta, ni meditaba. Pospuse la decisión hasta poder hablar con él y ver como reaccionaba a mi propuesta.

Conseguí una dirección de correo electrónico suya y le escribí, pero no respondió. De ahí que decidiera ir al Regina con la intención de hablarle al finalizar su charla. Tuve la suerte de cruzármelo nada más entrar en el teatro. Le expliqué el motivo que me llevaba allí y aceptó al instante.

Con el «trato hecho» no era necesario que me quedase a la charla. Como siempre, tenía un montón de trabajo esperándome en el despacho. Pero algo en el breve diálogo que acababa de mantener con Sergi hizo que me quedase a escucharle.

En la charla soltó verdades como puños, como puñetazos, diría. Pidiendo, eso sí, que nadie se creyera lo que contaba; casi sugería que no afeásemos nuestra bendita ignorancia. Tejió una charla soberbia, sin dogmatismos ni recetas. Algo insólito. Quedé impresionado por su mirada respetuosa y benevolente, por su férrea humildad. No he vuelto más al teatro Regina y apenas he vuelto a hablar con él, pero le he seguido acompañando desde ese día.

Me honra que me invite a redactar este prólogo y sé que no espera que glose sus virtudes, porque estando muy a la vista, no las considera suyas. Sergi quiere, nos lo dice en el título del libro, que le acompañemos. Esto puede confundir, puede parecer el intento de un líder al uso para conseguir más seguidores. Nada más lejos de la realidad. Sergi no nos intenta convocar alrededor de ninguna ideología o enseñanza nueva, ni tan siquiera nos propone técnica alguna. Sergi nos pide que le acompañemos porque un encuentro es cosa de más de uno, nos lo pide para no apearse de su experiencia de unidad. De alguna forma, Sergi nos pide que participemos en una bacanal de amor. ¿Cómo negarnos?

Permitidme explicarme un poco más. Gracias a mi trabajo, tengo la suerte de conocer a personas que presentan un notable desarrollo de conciencia, seres espirituales, sabios, personas que están en contacto con fuentes de conocimientos muy preciados. Por otra parte, conozco también a bastantes personas que han logrado limpiar su personalidad psicológica de todo rastro de neurosis. Acostumbro a ver que ambos logros parecen excluyentes. Quienes muestran un notable nivel de conciencia suelen presentar una notable dejadez en el terreno psicológico, dejando muy a la vista sus afinadas aristas neuróticas, y quienes han lustrado su dimensión psicológica muchas veces adolecen de perspectiva en el plano que trasciende sus limitadas realidades singulares. Sergi es una excepción. Sergi equidista, englobándolos, de ambos extremos. Me gusta imaginármelo en el Camino Medio del budismo theravada, aunque él no estaría de acuerdo. Por suerte su frescura y talante lo hacen mucho más próximo y simpático que otros maestros que visten túnica y lucen la cabeza rapada. Porque sí, Sergi es un maestro.

En este libro desgrana sus palabras hechas de silencios, nos pide que le acompañemos para que el encuentro exista y la unidad explote, o se manifieste, o (cualquier verbo es inadecuado). Casi es una invitación a una fiesta, a una celebración necesitada de masa crítica, en la que el anfitrión, él, ama deliberadamente, con fruición, a sus invitados. Yo me apunto, muy agradecido.

En este libro no se encuentran recetas ni atajos, ni se enumeran los pasos para llegar a ningún lugar. Propongo al lector que lo lea como si fuesen sus propias palabras. Que se diluya en las frases como si fuese él mismo quien las pronunciara. Ello podría muy bien ser, pues sólo depende de una decisión del lector. Sergi nos invita a tomar esa decisión, desatándonos la rara y preciosa experiencia de percibirnos tal como verdaderamente somos, y poniéndonos ante la evidencia de constatar cuánto nos desconocemos.

Advierto al lector que acompañando así a Sergi puede que acabe abrazado incondicionalmente a aquello a lo que más teme, y termine traspasando los espesos muros de miedo que ha construido para salvaguardarse de ello. De este modo, puede que se halle, por primera vez, al otro lado de esos muros, *deslumbrado* por tanta belleza.

Ramon Sallés
Director General
Institut Gestalt

INTRODUCCIÓN: ¿ME ACOMPAÑAS?

«He desplegado unas alas de confianza en el espacio y he planeado hacia el infinito, dejando atrás lo que otros se han esforzado por ver desde la distancia. Aquí no había un arriba ni un abajo, ni un límite ni un centro. He visto que el Sol tan sólo era otra estrella y que las estrellas eran otros soles, cada uno de ellos escoltado por otras tierras como la nuestra. La revelación de tal inmensidad fue como enamorarse.»

GIORDANO BRUNO (1548-1600)

A finales del siglo XVI el monje dominico Giordano Bruno tuvo una revelación en la que pudo ver más allá de los establecimientos intelectuales, espirituales y científicos de su época. En un contexto en el que no había libertad de pensamiento y en el que se daba por hecho que la

Tierra era el centro del universo, Giordano vio un reino infinito donde nuestro Sol no era más que un sol entre muchos otros y nuestra Tierra no era más que un planeta de entre muchos otros planetas. Giordano terminó su estadía en nuestro mundo quemado en la hoguera por ser fiel a un conocimiento que desafiaba a toda una época. Él simplemente se había enamorado de la libertad.

Todo ser humano consciente o inconscientemente busca paz mental. Esta paz tan anhelada sólo llega hasta este mundo a través de una mente liberada de sus asfixiantes fronteras personales, que aparentan darle cobijo y seguridad. No es real la seguridad que ofrecen los límites de nuestra personalidad.

Todo ser humano que se pregunte, desde lo más profundo de su corazón, por la realidad que existe más allá de su concepción personal de las cosas, tiene derecho a encontrarla. Dicho encuentro, sin embargo, siempre va a desafiar cualquier establecimiento humano de la clase y de la época que sea. De hecho, el cuestionamiento, en sí mismo, ya nos resulta desafiante.

He visto un mundo humano en el que sólo se refleja la unidad de la conciencia universal. Colectivos de personas organizados por la naturaleza de su unidad, inherente a un universo amoroso. Todos al servicio de los demás y cada uno de ellos dentro de un estado de perfecta realización, sin rastro de miedo psicológico. En ese estado, el amor, la paz y la creatividad son los únicos habitantes de la mente, una mente en perfecto equilibrio con el corazón y un corazón que abraza sin miedo nuestras partes más básicas e instintivas.

Giordano Bruno dijo que *la revelación de tal inmensidad fue como enamorarse*, porque descubrió que el conocimiento y el amor son la misma cosa. Y he aquí nuestra gran ignorancia: el conocimiento y el amor son la misma cosa. Se requiere tan sólo un ser humano para despertar a tu mente de esa ignorancia, y ese ser humano eres tú mismo ejerciendo tu derecho a conocer la verdad que encierras dentro de tu olvido.

Cuando estoy ante audiencias de centenares de personas, me gusta proponerles el siguiente experimento: les invito a levantar un brazo a la cuenta de tres. «Asegúrate de levantar sólo tu brazo», les pido. «Levanta sólo el tuyo», insisto. Cuando se escucha el tres en la sala, el levantamiento del brazo de una persona termina siendo el de todos los centenares de personas que ocupan la sala. Cuando un ser humano decide encontrar la paz en él y sólo en él, encuentra la paz de todos los seres humanos. Sin embargo, raramente somos conscientes de la paz que escondemos dentro de nosotros mismos, detrás de nuestras historias. Cuando alguien me pregunta cómo conseguirlo, le respondo: «No conozco el cómo, pero sí el dónde». ¿Me acompañas?

ESPACIO Y TIEMPO, LA GRAN PARADOJA EN MOVIMIENTO

El espacio y el tiempo son un espejismo en el que nos hemos habituado a vivir.

Permíteme compartir contigo una posibilidad. Esta posibilidad es parte de mi vivencia como ser humano y, si bien dice mucho de mi ignorancia, también expone mi locura.

De joven, un día, por alguna razón que desconozco, empecé a percibir de forma esporádica que lo que me rodeaba no estaba ahí en verdad. De repente empecé a ver como si una textura se hubiera interpuesto entre mis ojos y lo que veía.

Actualmente son muy conocidos los filtros que añadimos a nuestras fotografías cuando las editamos para que queden mejor. En el caso que menciono en el párrafo anterior fue como si un filtro de sutilidad se hubiera añadido a mi mirada. El resultado era que veía lo que siempre había visto pero sin la densidad o materialidad a la que estaba acostumbrado.

Hoy en día sé que lo que viví en esos tiempos fue justo al revés. Una capa de densidad había sido eliminada de mi mirada. Eso me permitió pensar que la realidad posiblemente era mucho más sutil e inconsistente de lo que yo había llegado a creer. Que la realidad que tanto había tocado, olido, visto, mojado, arrugado, huido e incluso perseguido no era un hecho, sino una imagen en mi mente.

En esos momentos pude ser consciente de que eso que veía, y que yo había llamado durante tantos años realidad, tan sólo era un estado de la mente, y además un estado mental más cercano al sueño que a la vigilia. A pesar de que podía seguir palpándolo e incluso andar por él, su irrealidad era demasiado evidente.

Los seres humanos hemos logrado fabricar un estado de la mente que nos permite andar por mundos mentales autofabricados y vivirlos como realidades incuestionables. Y aquí llegó la palabra clave, «incuestionables». La característica básica de esos estados de la mente es que la mente que los fabrica no los cuestiona, porque cree ser hijo de ese mundo en lugar de ser su creador.

En estos casos, uno no es consciente de que uno mismo no vive dentro de esos mundos, sino que esos mundos existen sólo dentro de él. Ahora imagínate por un momento a un ser que cree vivir separado del resto. Cuando ese ser fabricase una realidad, toda ella sería fabricada bajo esa creencia, de modo que todos los seres de su misma condición también se percibirían separados los unos de los otros.

En ese mundo existirían muchas versiones de ese mismo ser, pero ninguna de esas versiones sería consciente de ser un mismo ser, ni tampoco lo sería de su origen unitario. No resultaría difícil, en ese mundo, encontrar a dos personas que al verse por la calle pensaran que son personas distintas, cuando en realidad serían el mismo ser que fabricó ese mundo desunido. Como esas dos personas no pensarían más que sus propios pensamientos, jamás podrían comprender la unidad en la que se basa la realidad.

Aquí viene mi ignorancia, no sé cómo todo esto llega a suceder. He olvidado la mecánica de los mundos imaginados, como por ejemplo el nuestro. Es posible, incluso, que nunca lo haya sabido. Pero sí sé que para que exista un mundo así se precisa de una decisión y que, una vez tomada, ésta se desvanezca del recuerdo. Así es como se mantiene en pie el mundo de la imaginación.

Es lo mismo que cuando sueñas un sueño y no recuerdas que estás en la cama soñando ese sueño. Cuando estás dentro del sueño te conviertes en un personaje y no recuerdas que estás en la cama soñándolo; has olvidado al soñador. Al no percibirse, éste queda fuera de su realidad. El personaje soñado no es quien decidió soñar y por esa razón no cree vivir en un mundo soñado.

Aquí viene mi locura, soy consciente de que no existo. ¡Tremenda paradoja! Sergi es el personaje de una mente dormida. Soy consciente de que soy un personaje construido a base de ideas mentales de una mentalidad humana que no existe. Es como si estando soñando, de repente, te dieras cuenta de que estás dentro de tu propio sueño y por lo tanto no existes, que no eres más que un personaje fabricado por una conciencia que está dormida.

Sabiendo esto, empecemos nuestro viaje, pero recuerda que en el fondo de lo que se trata es de despertar y no de llegar a alguna parte.

EL JARDINERO Y SU RECOGEDOR DE HOJAS SECAS AUTOMÁTICO

¿Por qué tendemos a ir hacia la comodidad si somos hijos de la intensidad?

La mayoría de los jardineros y barrenderos, hoy en día, usan un aparato ventilador que sopla todo cuanto encuentra a su paso, a modo de lobo feroz en el cuento de *Los tres cerditos*. De esta manera logra agruparlo y recogerlo de una vez. En una ocasión, vi como un jardinero usaba uno de estos aparatos para deshacerse de las hojas secas de un jardín. En este caso en particular, las hojas se acompañaban, como si fueran un rebaño, hacia un pequeño camino de arena ajeno a la propiedad.

Desde la perspectiva del jardín, las hojas ya no existen y por lo tanto ha sido correctamente limpiado. Sin embargo, si ampliamos la perspectiva más allá de los límites del jardín, seremos conscientes de las hojas secas que no se recogieron y que quedaron expatriadas en el camino de arena.

La mayoría de las personas trata sus emociones y sus sentimientos de la misma manera que el jardinero trató a las hojas secas. Si lo que sentimos no nos gusta o es incómodo, tratamos de apartarlo de nuestra conciencia escondiéndolo más allá de ella, al otro lado de sus límites. De este modo convertimos a nuestro inconsciente en un vertedero emocional de sentimientos y emociones que nunca desaparecen.

Hasta ahí, mera descripción. Lo verdaderamente interesante empieza cuando un día el jardinero, sintiéndose insatisfecho en su jardín, desea ir más allá de sus límites y trata de abrirse paso por el camino de arena al que ya no puede acceder como antes, debido a la gran cantidad de hojas acumuladas a lo largo de tanto tiempo. Hay tantas hojas esperando ser recogidas que ni tan siquiera se intuye dónde está ese hermoso camino de arena.

Cuando alguien se atreve a ampliar sus horizontes personales, suele encontrarse con algo «misterioso» que no se lo permite hacer. Ese «algo misterioso» es miedo a sentir cada una de las emociones que fueron evitadas a lo largo de toda la vida. El miedo siempre apunta hacia aquello que necesita ser atendido para poder seguir avanzando. Pero para nuestra «conciencia jardinero» esto va a vulnerar una de nuestras decisiones olvidadas: ¡no quiero sentir esto!

Sin darnos cuenta, con esta curiosa decisión de no sentir lo que sentimos, validamos y fortalecemos nuestros límites. De este modo, nuestra personalidad se convierte en nuestro jardín privado (consciente), pero ajena al «vertedero emocional» con el que la hemos rodeado (inconsciente).

SIENTE

Aquel que es inteligente emocionalmente vive en paz sin importar qué emoción esté sintiendo.

Existe mucha frustración en un gran número de personas, porque la mayor parte del día lo pasamos tratando de sentir una cosa distinta a la que estamos sintiendo y, tarde o temprano, nos damos cuenta de que no podemos conseguirlo. Lo que sentimos ahora es lo que sentimos ahora y lo que no sentimos ahora es lo que no sentimos ahora. ¿Es esto demasiado simple y obvio como para simplemente aceptarlo?

Imagínate que la mesa del comedor quisiera sentirse silla de despacho para así sentirse mejor. Qué le responderíamos a la mesa del comedor si nos preguntase ¿qué puedo hacer para sentirme silla de despacho? Seguramente le responderíamos: sé lo que eres, sé mesa. ¿Cómo puede saber la mesa que su experiencia mesa no es correcta y, en cambio, que la experiencia silla sí lo sería? No lo sabe, pero lo cree.

Ahora, ¿cómo puedo saber yo que la tristeza no es digna de ser sentida y la alegría sí? Y ¿por qué divido mis emociones y luego las clasifico en negativas y positivas para exigir finalmente encontrar paz, felicidad y bienestar?

Ese tipo de disociación interna es muy común en la mentalidad humana actual. Es muy frecuente descubrirse a uno mismo decidiendo qué sentir y cómo sentirlo, sin tener en cuenta lo que uno siente en ese momento. Juzgar lo que sentimos y tratar de cambiarlo por otro sentimiento al que se juzga como mejor parece ser un deporte a escala mundial.

Sentir algo incómodo en realidad no tiene un valor negativo ni tampoco positivo. De por sí, sentir no es bueno ni malo, pero sí podemos darle un uso creativo. Significa que en lugar de reaccionar ante ello, podemos usarlo para encontrarnos a nosotros mismos en calidad de responsables de esas emociones y sentimientos.

Sentir todavía es una de las acciones más torpes realizadas por los seres humanos. Sentimos las emociones con la misma torpeza con la que los niños empiezan a explorar por primera vez la posibilidad de enlazar dos pasos seguidos. La diferencia es que los niños lo gozan aun cayéndose repetidas veces y los adultos lo padecemos.

¿Qué es sentir? y ¿por qué nos incomoda tanto sentir según qué cosas? No sabemos la respuesta a estas preguntas y sin embargo valoramos lo que sentimos como si ya hubiéramos resuelto nuestra ignorancia emocional.

Detrás de las preguntas anteriores yace la posibilidad de sentir sin miedo aquello que se siente, porque cada emoción, sensación y sentimiento se convierten en pequeñas piedras preciosas que nos permiten acercarnos a un gran tesoro aún por descubrir. Detrás de esas preguntas se abre un espacio de investigación muy bello en el que podemos descubrir al ser que siente.

En ese espacio inexplorado, todas y cada una de las emociones, sensaciones y sentimientos son dignos de ser sentidos. Dentro del uso creativo de nuestra capacidad de sentir, el foco recae sobre uno mismo y las emociones se convierten en herramientas de autodescubrimiento.

Una vez descubierto el ser, sentir y ser se unifican de forma natural, dando lugar a la presencia. En la presencia no se rechaza nada. En ella nada de lo que se siente es proyectado sobre otros ni sobre situaciones. En la presencia lo sentido no tiene causas externas, todo se contempla como una emanación del ser, que se expresa armoniosamente a través de todos sus niveles de expresión: físico, emocional, mental y energético. Todo pasa a ser una sola unidad de expresión y se accede a ella con la honestidad.

Una persona que va por la calle y nos mira a los ojos busca esta honestidad, esta integridad del ser para poder reconocerse en ella. Este reconocimiento personal es la única cosa que nos lleva a la paz, a la aceptación, y a la verdadera comunicación.

Cuando nos sentimos mal y tratamos de sentirnos bien sin antes haber aceptado lo que estamos sintiendo ahora, estamos siendo unos impostores. Si además estamos tratando de que otra persona o una situación nos haga sentir bien, al poner el foco ahí afuera no vemos que en realidad nos sentimos a disgusto debido a nuestra estafa emocional. Un modo de encarar esto es preguntarnos: «¿Qué problema tengo en sentirme como me siento ahora?»

Es posible que respondas que es duro sentir algunas emociones, pero es mucho más duro evitar nuestros sentimientos constantemente por creer que no son dignos de ser vividos. El caso es que no sólo son dignos de ser vividos, sino que además es la forma en la que están siendo ahora.

Creemos que si nos abrimos a sentir según que emociones nos deprimiremos y nos revolcaremos en el fango, y es justo al revés. Evitándolo constantemente, tratando de evadirnos de nuestra experiencia, es como perdemos el sentido de la vida y terminamos deprimiéndonos.

Mantenernos en estrecha relación con nuestro sentir nos permite un grado elevado de honestidad que, a medida que crece, se transforma por sí misma en humildad. En la humildad el presente se hace evidente, ya que los humildes no viven bajo expectativas ni deseos personales sobre cómo tienen que ser las cosas. Tampoco culpan al pasado por cómo fue. Su vínculo con la vida se despierta porque en lugar de quejarse y huir, agradecen y contemplan todo lo que les rodea sin arrogancia ni elitismo emocional. Ya no se prefiere sentir una cosa u otra, la voluntad es ahora sentir.

LA CONSCIENCIA QUE TODO LO AMA

Este mundo no existe para que tú lo cambies, sino para que aprendas a amarlo.

El animal que más simpatía despierta en mí es la beluga. Hace unos años tuve la oportunidad de visitar a dos de ellas en un acuario de una ciudad española. Fue sorprendente para mí descubrir que sus cuerpos nadaban en círculos siguiendo un patrón, pero que sus mentes no estaban allí. Al parecer era demasiado para unos cetáceos cuyo hábitat es el Ártico vivir en un acuario de una ciudad del Mediterráneo.

Hace unos meses nos invitaron a un evento en una isla del Mediterráneo. Junto al equipo de organización, decidimos realizar dos actividades, una charla y un encuentro más extenso. Se estimaba la asistencia de unas trescientas personas. El lugar elegido por sus características para llevar a cabo estas dos actividades fue el auditorio del acuario de la capital.

Al cabo de pocos días de compartir la información sobre el evento, recibimos un correo electrónico de alguien que, muy amablemente, nos pedía que cambiáramos de lugar. Esta persona nos decía que un acuario es un lugar de explotación animal y nos comunicó su incomprensión por el hecho de que realizáramos un encuentro basado en el amor en un lugar donde no lo hay.

Cuando sentí la decepción y la frustración de ver a esas hermosas belugas dentro de una pecera gigante, también fui consciente de cómo mi mentalidad Sergi buscaba deshacerse de mis sentimientos culpando a otros de lo que yo sentía. Alguien puede llegar a pensar que para mantener a dos belugas en un acuario cerrado tienes que ser muy poco sensible a su estado de ánimo. Pero aunque fuera así, eso no los hace a ellos responsables de mi experiencia ante esa situación.

Hoy en día es muy extraño encontrar a personas cuyas mentalidades estén abiertas al amor. El motivo parece ser que todavía no estamos dispuestos a amar, ni a aceptar todo lo que ocurre en nuestra vida. Apenas nadie conoce su propia integridad. Apenas nadie sabe que todo forma parte de nosotros mismos.

La persona o personas que conservan a dos belugas en un acuario representan una parte de mí. De hecho, es un parte de ti también, sin importar si estás a favor o en contra de mantener en cautiverio a ciertos animales. Todos formamos parte de la consciencia humana sin excepción. Todas las decisiones que se toman desde la conciencia humana, por lo tanto, son responsabilidad de todos, incluso si tú piensas lo contrario, lo piensas desde la misma conciencia que nos une a todos.

Volvamos al acuario en el que se iba a celebrar el evento. Cuando vemos un lugar que carece de amor o a una persona que no es sensible al amor, estamos viendo una parte de nosotros desde nuestra perspectiva no amorosa. Cuando yo me cierro a la posibilidad de sentir amor ante la injusticia que veo, estoy apoyando sin darme cuenta esa injusticia.

Si yo no me hago sensible a la insensibilidad de los demás, estaré participando de la insensibilidad. Esta misma insensibilidad la expresará una persona estando feliz de cuidar a dos belugas en una piscina y otra persona, en cambio, la expresará en forma de ira cuando vea a las dos belugas en la piscina. Lo más probable, debido a la falta de sensibilidad de las dos personas, es que no asuman su mentalidad ni sus emociones y no se sienten a ver juntas cómo ayudar a las belugas. Al parecer sus opiniones les separan y lo más probable es que se entretengan a discutir y a defender sus razones. Del interés por las belugas se pasa al interés por defender las ideas de cada uno. A esa actividad, no importa qué ideas defiendas, la llamamos egoísmo.

Muchos activistas pensarán, y con razón, que entonces estar abiertos al amor en ciertas situaciones consideradas injustas significa cerrar los ojos y hacer ver que no pasa nada, que todo está bien y que está bien permitir que todo siga como está. Pero este pensamiento en el fondo no es más que una justificación para no amar. Amar no tiene nada que ver con cerrar los ojos, es justo lo opuesto, tiene que ver con abrirlos.

Mahatma Gandhi acompañó a todo un país a abrir sus ojos y reconocer su propia valentía y el respeto hacia sí mismos. Les mostró el camino de la no violencia, el camino de la compasión y de la confianza absoluta en la paz. Se sentó en los dictados de su corazón y no se levantó. Cuanto más se le encarcelaba y menos reaccionaba ante ello, más escuchado y seguido era.

Sé de varias personas que en su pasado entrenaron a delfines o ballenas orcas para espectáculos y que hoy en día difunden un mensaje de sensibilización para que se acabe con estos espectáculos. Estas personas despertaron a una sensibilidad basada en el amor. Si lees la historia de algunas de ellas, verás un cambio profundo interno en ellos. Ese cambio lo detona el corazón y no la compresión intelectual de un argumento «antialgo».

No estoy diciendo que tengamos que amar sin condiciones. Estoy diciendo que no hacerlo implica perpetuar una realidad basada en la ausencia de amor. Si me permites una nota de humor, estamos hablando de hacer un «San Francisco de Asís». Él se reconoció como instrumento de esa conciencia absoluta y se puso a su disposición y servicio para ir allí donde hubiera odio y poder reconocer el amor, o donde hubiera ofensa y ver perdón, o donde hubiera discordia y ver unión.

Gracias a estar en aquel acuario, pude ampliar mi visión y conocer a algunas de las encantadoras personas que allí trabajan y su labor en la conservación de la fauna marina de la isla, junto a su trabajo de acogida de animales como tortugas marinas que son rescatadas de redes de pescadores, atendidas y devueltas al mar.

En este mundo de percepciones humanas, estamos rodeados de lugares, personas y situaciones donde el amor no se percibe. Todas ellas listas para ser abrazadas desde el corazón. Muchas personas sensibles al sufrimiento aún no han descubierto su propia fortaleza a la hora de transformar su realidad no amorosa desde la conciencia del amor y no desde la ira y el rechazo. Si yo no reconozco mi fortaleza interna, cuando sienta ira culparé a otros por ello. Es por esta razón que odiamos y rechazamos a los que vemos odiar y rechazar la vida de otros.

El amor ama todo cuanto ve porque se reconoce a sí mismo en ello sin excepción alguna. Amar es tan simple como ser. Ser implica sentir y sentir implica asumir lo que uno siente a tiempo real, sin excusas. Cada vez que nos excusamos damos la espalda a la conciencia del amor. Al darle la espalda vemos un mundo carente de amor, no porque no haya amor, sino porque estamos eligiendo ver sin su perspectiva amorosa.

La dificultad que nosotros encontramos a la hora de amar no es porque sea difícil, es porque preferimos defender nuestros motivos por los que no amar. El amor, sin embargo, ama porque no conoce otra cosa. Nosotros en cambio sí conocemos otra cosa, el miedo. Alinearse con el amor implica en primer lugar ser honesto y, luego, reconocer el odio que uno siente por aquellos a quienes culpa de sus propios sentimientos.

La búsqueda de un mundo correcto y justo fuera del prisma de esta conciencia amorosa es infructuosa. Siempre encontrarás frente de ti a alguien que representará a tu opuesto, pensando y haciendo lo contrario que tú. Mientras no ames no conocerás tu unidad y ese «otro» estará allí para recordártelo.

Toda justificación para no amar es una invención humana que nos evoca más sufrimiento. Te invito a detenerte y a observar allí donde no estás dispuesto a amar. A qué persona o actividad social o ideología, o cualquier cosa que te venga a la mente, no estás abierto a amar. Una vez que lo hayas visto, verás todas tus ideas y opiniones personales que justifican tu falta de amor. Esas ideas no van a cambiar el mundo que ves... lo apoyan.

TODO EL MUNDO QUIERE CAMBIAR EL MUNDO

Muchas personas tienen una idea de lo que es correcto, pero muy pocas se cuestionan si esa idea es correcta.

¿Alguna vez has tenido la sensación de que algo debería ser de otra forma? ¿Has sentido el impulso de cambiar algún acontecimiento o persona o incluso el tiempo atmosférico? Estos deseos son uno de los síntomas de un desorden mental llamado síndrome de percepción separada (SPS).

Cuando uno vive bajo ese desorden mental no se da cuenta de ello porque piensa que lo que ve, lo ve tal y como es. También implica que aquello que percibes lo percibes bajo la creencia de que tú no eres lo que tú ves. Es decir, que tú y aquello que ves sois cosas distintas, separadas entre sí. Esta manera de ver no sólo no genera ninguna transformación, sino que tampoco cambia nada en realidad. Como mucho, a lo que puede llegar esta forma de ver las cosas es a inventar la sensación de haber generado un cambio que, al poco tiempo, se descubre que en verdad no sucedió.

Es muy frecuente, actualmente, encontrarse a lo largo del día con numerosas personas y situaciones susceptibles de ser cambiadas, a las cuales se les suele llamar «mejorables». Hasta ahí, ningún problema. El problema se genera cuando uno sucumbe ante su perspectiva separada de las cosas y trata de cambiar lo que percibe desde su propia mentalidad distorsionada. El conflicto que surge al hacer esto nace de rechazar lo que se percibe, porque es a uno mismo a quien se rechaza.

Perceptor y percibido son uno en sí mismo. El conflicto deja de verse como conflictivo cuando se accede a este lugar de la conciencia unitaria. En este punto, ni tu pareja, ni tu vecino, ni tu exmujer, son más el blanco de tus ideas de mejora.

El primer paso en la transformación se da cuando uno ve que lo que percibe lo percibe desde una lente que divide lo que ve. Es igual que esos cristales que descomponen un rayo de luz en distintos haces de luz, roja, amarilla, violeta, etc. ¿Te imaginas tratar de hacer un poco más rojo el rayo de luz azul para que pueda volverse violeta, simplemente porque a mí me gusta más el violeta? Cuando uno abandona su perspectiva violeta de las cosas, entonces puede descubrir que todos los colores son partes de la luz blanca original y pasa a disfrutar de cada uno de los distintos aspectos de la misma cosa.

El mundo que conocemos, visto sin aferrarnos a nuestras facetas personales, se percibe como un velo que cubre la realidad de un solo ser del cual tú y yo formamos parte íntegra. Cada situación, persona, o cualquier cosa que percibas, se ve como una extensión de ese único ser. Se sigue percibiendo diferencias, pero no se percibe diversidad.

«Nada que cambiar, todo por descubrir» es el lema de una mente que por fin reconoce su ignorancia y detiene el intento arrogante de tratar de cambiar el mundo que proyecta desde su mentalidad aislada o egoísta.

Lo contrario a la unidad es el egoísmo. Así que cuando, por ejemplo, voy a luchar en contra de los maltratadores de animales sin antes haberme reconocido en ellos, lo que terminaré haciendo es generar más rechazo debido a la aportación de mi cuota de rechazo. Así es como se nutre y se expande la mentalidad egoísta al caer en la trampa de su percepción separada. Distanciándose del resto de lo que percibe, el ego consigue su tesoro más preciado, su exclusividad.

La conciencia universal no distingue entre correcto o incorrecto ni entre buenos o malos. Esta conciencia sólo existe en la unidad, y si actúas fuera de ella, no es que estés obrando incorrectamente, simplemente refuerzas la desunión para ti mismo. Este «para ti mismo» se refiere a que tú te confirmas a ti mismo que esta separación cada vez es más obvia y que por lo tanto los malos son más malos y tú cada vez «parece» que tienes más y más razón.

Si te sientas un instante a sentir dicha razón, descubrirás la cantidad de sufrimiento y odio que escondes en ella. Al no soportar ese sufrimiento lo proyectas fuera de ti y decoras esa proyección con tus motivos, por los cuales eso que ves no debería ser así. Esa lucha con lo externo procede de una lucha interna que grita ser atendida.

Date cuenta de que cuando sientes amor sin condiciones no deseas cambiar nada. En tal circunstancia, muchas personas, para poder seguir manteniendo en vigencia su licencia para odiar y renovarla cada vez que ésta caduca, creen que si dejan de odiar también dejarán de querer cambiar las cosas y que sin esa voluntad de cambiar las cosas el mundo no avanzaría hacia mejor.

Esta creencia es probablemente la más arrogante de la historia de nuestra especie. Es similar a la arrogancia que los adultos vemos en los adolescentes cuando éstos creen saber de qué va la vida y cómo tienen que ser las cosas. Los seres humanos aún no hemos entrado en la preadolescencia de la conciencia y sin embargo nos tomamos el derecho de tomar determinaciones que no se originan en nuestra sabiduría ni en nuestro amor, sino en nuestra confusión y en nuestro miedo a sentirnos y reconocernos como parte íntegra del universo.

«¿Quién si no, alguien que maltrata a otro ser, necesita ser amado? Y ¿cómo solemos responder nosotros a estas personas? Aquellos que maltratan a otros, viven de espaldas al amor y sólo amándoles podemos ofrecerles una salida honesta al maltrato. Sin embargo, respondemos sin amor porque les juzgamos, y nuestro juicio no incita al amor porque no somos capaces de ver nuestra unidad con lo que vemos. Entonces, perdemos la capacidad de poder juzgarlos y de poder amarles porque, al no vernos en ellos, no podemos ver la verdad. ¿Qué juicio acertado podemos llegar a crear desde una mentalidad aislada de aquello a lo que juzgamos?

Nos hemos hecho adultos y para muchos eso implica no estar presentes, implica también vivir en el mundo de ideas acerca de lo que está bien, de lo que está mal, de lo que debería suceder y de lo que no debería suceder. Ahora ya sabemos que es muy doloroso pensar que lo que sucede no debería suceder o suceder de otra manera. Es tan doloroso que no lo soportamos y lo proyectamos en los demás. Quizá haya llegado el momento de volver a ser niños. Quizá haya llegado el momento de unirnos a todo y a todos con todo nuestro corazón.

TODO OCURRE EN TU MENTE

Nuestra vida no es una teoría,
ni una técnica, ni una opinión,
es pura conciencia, pura experiencia.

Nuestra experiencia de vida nunca nos habla acerca del otro, siempre nos habla de nosotros. En el momento en el que somos conscientes de algo, eso de lo que somos conscientes forma parte de nuestra consciencia y por lo tanto de nosotros. Habla de nosotros, porque en realidad todo somos nosotros a pesar de que nuestra manera de ver las cosas nos diga lo contrario.

Permíteme expresarlo con un ejemplo práctico para que podamos andar hacia dentro. Separados por muy pocas horas entre sí, llegaron a mí estos dos comentarios escritos por dos personas distintas y dirigidos hacia mi persona.

Primer comentario:

> *«Haces que las personas se olviden de vivir y vivan escuchando las innecesarias reflexiones que haces, te crees que lo sabes todo como si fuera tu décima vida. Actúas como una secta y no ayudas en nada. […] para ti esto sólo es un negocio, el negocio de hacer creer que te importan los demás y tal vez puedan sentir respeto hacia ti. Para mí sólo eres un farsante de filosofía barata.»*

Segundo comentario:

> *«A mí estos cursos* new age *de cojo de aquí y pego de allí me parecen una gran estafa y un generar frustración a la gente. Pareciera que Sergi trata de engrandecer su propio ego más que ayudar a la gente, no es honesto. Sergi siempre me parece que dice un montón de chorradas insustanciales, pero no deja de sorprenderme que haya gente que lo siga. Otro gurú de la* new age.*»*

En el momento en el que soy consciente de estas palabras, pasan a formar parte de mi conciencia. Dicho de otra manera, soy consciente de estos dos comentarios porque en realidad están en mi conciencia. Esto implica que yo debo estar pensando lo mismo que piensan estas dos personas, pero justo hasta el momento de leer estas palabras no era consciente de ello. Gracias a estos dos comentarios recibidos ya puedo ver esos pensamientos y asumirlos. Lo que se ocultaba en mi inconsciente ha sido revelado y ahora puedo verlo con total claridad.

En este momento, también puedo ver qué emociones en mí, de las que tampoco era consciente, están vinculadas a estos pensamientos de mi mente. Si soy honesto, veré que el dolor que siento al leer estas palabras es exactamente el mismo dolor que sienten estas personas al expresarlas. Esta mirada me permite unirme a ellos en lugar de rechazarlos y huir.

Llegado a este punto y sólo llegado a este punto, puedo dejar de responsabilizar a los demás de lo que yo siento y pienso. Ahora uno puede recuperar el poder que ha dispersado otorgándoles a los demás una responsabilidad que no les pertenece, ya que le pertenece a uno mismo.

Lo expresado hasta aquí no tiene mucho mérito por mi parte, pues no lo hubiera podido hacer sin la ayuda de estas dos personas que, seguramente sin ser conscientes de ello, me estaban ayudando a liberarme de esas ideas. Si bien mi mérito es muy poco, sí se requiere de una disposición a querer ver lo que se esconde detrás de mi dolor, en lugar de reaccionar como lo hice durante toda mi vida.

A partir de aquí se pone en marcha un proceso natural, en el que, ahora sí, mi mérito es ninguno. Es cuando el corazón se abre y abraza el dolor, los pensamientos, la situación y a estas dos personas. Así es como el agradecimiento emerge. Y no me refiero a un agradecimiento por sus opiniones, sino por su ayuda.

Esta apertura de corazón es un gesto natural que siempre tiene lugar. Pero no podemos ser conscientes de él sin antes darle la bienvenida a aquello que reaparece de nuestro inconsciente.

Si al sentir el dolor uno se niega a querer sentirlo, va a tener que encontrar una causa externa a sí mismo para poder justificar que este dolor no es responsabilidad propia. Una vez encontrado el motivo, vas a creer ciegamente que tienes que reaccionar ante ello para evitar que siga sucediendo. Al reaccionar se detiene el proceso en el que el inconsciente dolido se hace consciente para ser sanado.

En este ejemplo de los dos comentarios, yo podría reaccionar de dos maneras distintas. Una, contestando a estas personas amablemente, tratando de demostrarles que están equivocadas, o dos, insultándolas directamente. Ambas reacciones son una huida y sólo sirven para devolver el dolor a las catacumbas de mi inconsciente. Al no asumir la energía de mis emociones, esta regresaría tarde o temprano detonada quizá por un nuevo comentario. Esta repetición de ciertas situaciones incómodas no es debido a una misteriosa maldición, sino a la bendición de la vida que ofrece sus recursos para que podamos ver donde no alcanzamos a ver. Y de este modo conocer dónde aún no estamos dispuestos a amar. Porque al final es de eso de lo que se trata, de amar.

Volvamos a lo práctico. Todo esto que hemos visto hasta ahora implica que desde algún lugar de mí yo también pienso que soy un «*farsante*», que hago «*filosofía barata*», que digo «*un montón de chorradas*», pero hasta este momento no era consciente de estos pensamientos.

Gracias a Dios, hay un impulso profundo del ser que toma la decisión de que ha llegado el momento de asumir ese nivel de inconsciencia y liberarnos de ser esclavos de ello. Y aquí viene lo magistral de la conciencia universal. En ese justo momento y no en otro, ocurren las situaciones que tienen que ocurrir y no otras, para que uno vea y escuche alto y claro los gritos no escuchados de su propia sombra.

Lo que hemos expuesto hasta ahora no es una técnica, ni un ejercicio, ni una meditación. Es una decisión. Nadie puede enseñarnos a tomar esta decisión. Si los demás no son en realidad los responsables de cómo nos sentimos frente a sus comentarios, tampoco un maestro es el responsable de enseñarnos a tomar esta decisión. La decisión está ahí no para aprenderla, sino para tomarla.

Muchos papás y mamás creen que gracias a ellos sus hijos aprendieron a ir en bicicleta. Sin embargo, muy probablemente hubieran aprendido de forma más natural sin las interferencias de los adultos. La decisión de sus hijos de querer aprender a ir en bicicleta es lo que les permitió exponerse al aprendizaje y terminar aprendiendo. Esa decisión no es «aprendible» sólo es «decidible».

Cuando empezamos a decidir vivir la práctica, es posible que lo primero que pensemos es que es muy difícil hacerlo. En realidad, esa sensación de dificultad es un autoengaño que surge de otra decisión más poderosa e inconsciente de no querer vivir la práctica. Qué quiero decir con esto: que aún queremos seguir creyendo que los demás son los responsables de lo que sentimos y que sí, que son muy bonitas las ideas espirituales, pero que aún no estamos dispuestos a dar el paso que sólo a nosotros nos pertenece dar. Aún tememos lo suficiente al dolor como para no querer asumirlo y permitirle así seguir dirigiendo nuestra vida.

Una vez que creemos que hemos superado este autoengaño, suele volver a aparecer, pero de una forma mucho más disimulada. Ahora surge en forma de pregunta: ¿Cuánto tiempo voy a tener que estar asumiendo mi dolor para liberarme de él definitivamente? Esta pregunta desplaza la atención a la decisión presente hacia la expectativa en un resultado futuro. Creemos estar dispuestos a tomar la decisión, pero en realidad no es así. Detrás de esta pregunta se oculta un interés personal que desea rechazar el dolor porque seguimos temiéndole.

Fíjate que lo que hemos propuesto y lo que plantea la «pregunta disimulada» son dos acciones completamente distintas, pero igualadas de forma inconsciente para que parezcan la misma. Querer asumir el dolor y preguntarse cuánto tiempo voy a tener que hacerlo parecen tener el mismo propósito. Sin embargo, la propuesta es asumir el dolor para hacerlo consciente y la «pregunta disimulada» sigue temiendo al dolor.

Decidir vivir y dar la bienvenida a lo que ocurre para así autodescubrirnos implica presente y honestidad. Sin embargo, esperar que con ello se pueda resolver por fin el inconsciente, implica futuro y expectativas.

Finalmente, aprendemos a usar nuestra mente incisiva, que es aquella que no duda a la hora de decidir cruzar nuestras catacumbas mentales y aprender a decidir sentarnos en el momento presente y ver lo que vemos. Esto es tan simple y poderoso que nos da miedo y al darnos miedo nos parece difícil, pero cuando uno se decide por asumir su integridad, todo termina en agradecimiento de forma natural.

EL HIPNOTIZADOR MUNDO DE LAS OPINIONES

¿Por qué debería hacer caso de mis opiniones si ninguna de ellas me dice la verdad?

¿Has observado alguna vez, de forma detallada, el mecanismo de la creación de una opinión? Y, sobre todo, ¿has observado sus efectos en ti y en lo que te rodea?

Sabemos que una opinión es una interpretación que da fe de nuestra versión de los hechos, y no una descripción fehaciente de la realidad. A pesar de ello, usamos las opiniones como herramientas descriptivas, con la intención de poder comprender lo que sucede y poder dar así una respuesta coherente ante ello.

Esta forma de responder al mundo a través de nuestro punto de vista implica que nuestra respuesta nunca se ciña a la realidad, sino a nuestra perspectiva personal, perdiendo, de este modo, toda coherencia. Otra forma de verlo sería darnos cuenta de que nuestras respuestas ante cualquier situación son simples réplicas de nuestra forma de ver las cosas. De ahí que nuestras decisiones y nuestros actos sean resultado de una previa interpretación personal de algo que en realidad no entendemos ni conocemos.

A esta forma de actuar la llamamos reaccionar, y al reaccionar, en lugar de crear comprensión, lo que hacemos es accionar nuestra incomprensión. Esto implica un nivel nulo de creatividad y un impedimento al conocimiento.

Una opinión nubla nuestra mirada a la hora de conocer lo que sucede ante nosotros, e incluso nubla la mirada interna que nos muestra quienes somos. No somos una opinión y la vida tampoco lo es. Sin embargo, nos seguimos relacionando los unos con los otros convulsivamente desde nuestras opiniones. ¿Adivinas por qué? Porque pensamos que sin ellas no podríamos vivir. Llegamos a ser tan arrogantes que pensamos que sin nuestras opiniones este mundo no tendría sentido.

Ahora bien, imagínate desprenderte en este mismo momento de toda opinión. ¿Puedes intuir tu estado mental? Muchas personas aún no ven la paz y la presencia que existe detrás de nuestra cortina de opiniones. Aún se percibe esta posibilidad de «libre de opiniones» como una seria amenaza a la cordura.

Vinculamos la pérdida del uso de la razón a un caos inminente, sin percatarnos de que en realidad esto es también una opinión. Esta última opinión acerca de la pérdida de opiniones es básica para los «opinadores» (*Homo Sapiens* Opinador), pues sin ella seríamos conscientes de nuestra profunda ignorancia. Eso nos degradaría de *Homo Sapiens* (hombre sabio) a *Homo Insciens* (hombre ignorante) y nuestro estado evolutivo actual de *Homo Sapiens* Arrogante no nos permitiría jamás dicha degradación.

Hoy en día, no saber nada aún es signo de desprestigio personal y de mucha inseguridad. Sin embargo, asumir nuestra ignorancia nos da pistas muy claras de dónde no se encuentra el conocimiento. En el hipnotizador mundo de las opiniones sólo existe el intento infructuoso de convertir interpretaciones imaginadas en hechos verdaderos.

Una opinión es un capricho selecto de la mente que lo usa para formar un punto de vista y desde él establecer su propia realidad. Desde nuestra realidad personal damos origen al resto de juicios y opiniones que se justifican unas a las otras dando un falso sentido a nuestras respuestas, comportamientos, actitudes y hábitos. Todo esto finalmente es usado para fabricar una identidad propia llamada «yo soy así», pero que no se sustenta en ninguna realidad estable. A esta identidad autofabricada a base de opiniones subjetivas la llamamos «yo».

El «yo» no es más que un mero punto de vista. Un anecdótico punto de vista rodeado de la vastedad infinita y eterna de la conciencia. No es de extrañar, entonces, que cuando vivimos afincados en nuestro «yo» eso incluya sentir soledad y aislamiento. No es de extrañar tampoco que desde nuestro «yo» necesitemos ser respetados, reconocidos, amados, encontrados, valorados. ¿Qué sentido tiene sostener y aferrarse a un punto de vista que para poder existir tiene que hacerlo de forma aislada y en contraposición a todo?

Es posible que al leer estas palabras tu mente ya haya opinado que opinar, entonces, debe de ser malo. Esto, de nuevo, es una reacción. También la llamamos el «más de lo mismo», y es en el mundo del «más de lo mismo» donde viven la mayoría de las culturas y sociedades de los últimos miles de años.

Lo que exponemos aquí, al igual que en el resto de este libro, no tiene la intención de que opines sobre ello ni de que cambies tus opiniones. Lo que opinas ahora no nos interesa para nada. Nos interesa el potencial creativo que escondes detrás de tus opiniones.

Fíjate que esto no es un menosprecio a tu manera de pensar personal. En realidad es un aprecio a tu potencial como ser universal. No es que estemos menospreciando la paja, sino que estamos apreciando el grano que, al ser una semilla, está llamado a dar fruto.

Dicho esto, puedes, si lo deseas, acompañarnos y descubrir tu potencial creativo que está llamado a viajar conscientemente dentro del mundo opinado y convertirlo en una vía de transformación profunda.

Observa y verás. Sin duda verás que detrás de cada sensación o emoción que sientes hay una opinión tuya generándolas. Una vez vistas, pregúntate si esta opinión acerca de esta persona o acerca de esta situación concreta es totalmente cierta. Luego puedes preguntarte, cómo viviría esto que sucede sin mi opinión, cómo vería a esta persona sin mi opinión.

Observa de nuevo y verás, también, que este tipo de autocuestionamiento pasa por alto lo que opinamos, porque su atención está puesta en la verdad y no en nuestra versión de la verdad. Fíjate como todo lo que pensamos tiene implícita la sensación de que es verdad por el mero hecho de que nosotros lo pensamos. A esto muchos lo han llamado seguridad en uno mismo, pero se llama arrogancia.

Esta modalidad de pensamiento está de moda desde hace ya unos miles de años. Y es extraño porque, a pesar de que ya caducó hace mucho, por alguna razón misteriosa seguimos prefiriendo vivir bajo este estilo mental. Esto se debe a su invisibilidad. La arrogancia suele ser invisible porque ella misma es un desenfoque, y al ser un desenfoque no permite ver con claridad. Es por eso por lo que los arrogantes no sabemos que lo somos. Fascinante ¿verdad?

Lo más interesante de este modo de pensamiento arrogante no es su desenfoque, sino su gran potencial de reenfocarse. De la arrogancia a la humildad sólo hay un paso de distancia y este paso es la honestidad. Sólo los humildes son conscientes de su arrogancia mental y la aceptan gustosamente debido a su gran honestidad. La honestidad es el final de la lucha contra uno mismo. El final del miedo a ver lo que uno ve de sí mismo con esa mirada desenfocada.

¿QUÉ HAY DE MALO EN SER COMO ERES?

Pocos se dan cuenta de que nuestra atención debe recaer sobre la fuente de la existencia y no sobre la pequeña anécdota del cómo existo.

Somos una expresión de amor perfecto que se encuentra dentro de unas coordenadas humanas que son temporales. Dentro de estas coordenadas nos encanta ser un «yo», verlo evolucionar, vivir sus procesos y sobre todo que sea lo más personal posible. Curiosamente detrás de ese «yo» al que tanto adoramos y atendemos existe una belleza indescriptible y que todos añoramos desde lo más íntimo de nuestro corazón. Esta belleza se recuerda cuando te permites ser tú mismo.

Cuando un ser humano se permite ser él mismo, ha pasado de antemano por asumir sus miedos, sus sombras, sus errores, sus recuerdos insatisfechos y sus soledades no acompañadas. Todo eso forma parte de esa belleza invisible.

Ahora, permíteme preguntarte quién te ha dicho a ti que tienes que ser de otra manera. Y más interesante todavía, ¿por qué te has creído que tienes que ser de otra manera?

Los seres humanos actualmente vivimos dentro de un mundo fabricado por imágenes mentales a las que hemos llamado historias y éstas, a su vez, viven en conflicto entre sí dentro de nuestra cabeza.

Ahora atento, que aquí viene el *making of* (o cómo se hizo) de la película. Primero construimos una imagen de nosotros mismos basada en nuestros recuerdos y creencias acerca de cómo creemos que somos. A esta imagen mental la llamamos «yo soy así», y una vez que ya está imaginada, le otorgamos un estatus de realidad. Simultáneamente, creamos otra imagen de cómo creemos que deberíamos ser. Esta segunda imagen también es imaginada en base a las mismas creencias y recuerdos con los que hemos imaginado la imagen anterior, pero a esta nueva la llamamos «yo quisiera ser así». A esta segunda imaginación también la elevamos al ámbito de los hechos, pero en este caso es un hecho condicionado, porque aquí el hecho es que cuando sea como deseo ser, sí que seré feliz.

Pocas personas son conscientes de que los dos «hechos» son espejismos, y que por lo tanto no son distintos entre sí. Es decir, que la imagen «yo soy así» y la imagen «yo quisiera ser así» son la misma en esencia. Las vemos distintas porque las juzgamos de diferente manera. A la primera la juzgamos como una imagen actual e insatisfactoria o en algunos casos indeseable, y a la segunda como una imagen futura satisfactoria y deseable. Sin embargo, honestamente, las dos coexisten dentro de la misma cabeza y las dos son imaginadas simultáneamente en el mismo momento presente.

Hasta aquí puede parecer un proceso de autodesprecio bastante elaborado, pero este proceso de fabricación de ficciones mentales no se termina aquí. Ahora viene el toque magistral. El proceso termina cuando nosotros mismos otorgamos la sensación de realidad a las dos imágenes mentales. ¿Cómo hacemos eso? Poniéndolas en conflicto entre sí. ¿Cómo? No queriendo ser la que sí creo ser yo y sí queriendo ser la que no creo ser yo aún. Loquísimo, ¿verdad?

Cuando les damos utilidad y un sentido de acción a las imaginaciones, éstas pasan a parecer definitivamente reales. Este último movimiento mental es el que nos impide salir con facilidad de estas dinámicas de las que parecemos ser víctimas, cuando en realidad somos su causa.

Llegado a este lugar de la mente, si indagas con valentía, descubrirás que para querer ser mejor persona y alcanzar los ideales sociomorales de hoy en día, primero tienes que menospreciar tu presencia juzgándote como inapropiado, y luego, querer alcanzar en un futuro una imagen que piensas que es mejor. Quizá haya llegado el momento de no hacerlo más y liberarnos de nuestras propias fantasías mentales.

Solemos contarnos la atroz historia de que debemos mejorar o ser de otra manera distinta sin tener en cuenta de dónde provienen esas ganas de cambio. Por regla general el grado de autoescucha no es suficientemente profundo como para darnos cuenta del autorrechazo que esconde dicho deber.

Esta idea de mejora suele nacer de un no quiero ser así y este no quiero ser así encierra mucho miedo, culpa, soledad y dolor. Es desde este autorrechazo y automenosprecio desde donde solemos diseñar nuestros deseos más anhelados, en aras del progreso y la mejora. Detrás de la gran mayoría de nuestras buenas intenciones de mejorar, escondemos nuestro deseo de evadirnos de todo este escenario interior que hemos descrito.

Si en verdad queremos vivir una transformación y no un cambio anecdótico que nos lleve a más de lo mismo, debemos empezar a atender a la conciencia. Ella contiene el potencial de transformar todo aquello de lo que uno es consciente. Eso implica que nos abramos a aceptar aquello que vemos en nosotros para que la conciencia pueda «tocar» esa imagen. Sin embargo, lo impedimos con el hábito de autorrechazarnos.

Y ¿qué ocurre cuando somos conscientes de algo de lo que no queremos ser conscientes? Pues que nos convertimos en nuestro propio obstáculo ante un proceso natural que lo único que busca es ofrecernos una imagen real de nosotros mismos enmarcada dentro de un contexto universal. Cuando no queremos ser conscientes de algo, sin darnos cuenta nos oponemos al universo entero.

Vemos cómo reaccionamos ante ciertas situaciones cotidianas, cómo sufrimos por tonterías o cómo nos enfadamos por cosas que no son importantes, y no queremos ser así. Incluso ni siquiera queremos equivocarnos mientras aprendemos. Llegamos, en algunas ocasiones, a pensar que somos unos desgraciados y tampoco queremos serlo. Al no querer ser así, decidimos retirar la conciencia de ello para no vivirlo y de esta forma impedimos la transformación natural de esa imagen mental que veíamos y, al retirar nuestra conciencia, ampliamos nuestro campo de inconsciencia.

Imagina el estado mental y emocional de un ser vivo que, siendo consciente de sí mismo, usara esa conciencia para rechazarse. No queremos ser de la manera que creemos que somos. Tampoco queremos cuestionar ni por un instante la veracidad de nuestra imagen personal. Nos asusta darnos cuenta de que no somos como pensamos que somos.

¿Qué hay de malo en ser como eres si eso que crees ser es sólo una imagen en tu mente? ¿Estás dispuesto a dejar de luchar con sombras para centrarte en conocer tu verdadera identidad universal?

EL DOLOR DE QUERER SER MEJOR PERSONA

Tratar de ser mejor persona sin antes asumir nuestra imperfección humana, nos impide descubrir nuestra perfección universal.

Cuando estaba a punto de cumplir tres años, nació mi hermano y sentí por primera vez una sensación desconocida hasta ese momento. De repente tenía un competidor ante mí y sentí el deseo de ser mejor. A los cinco años entré en el colegio y pasé a tener cuarenta competidores en mi aula. A pesar del empeño de mis maestros para que fuera mejor persona, éste no daba fruto. Mi cerebro disléxico pasaba desapercibido y nunca tuve la sensación de encajar en un sistema educativo basado en la mejora personal.

Hoy en día me pregunto por qué ser mejor persona sin antes comprenderme, respetarme y aceptarme. De hecho, ¿cómo se llega a eso de ser mejor sin antes estar en paz con uno mismo?¿Por qué debería dejarme guiar por el deseo de ser una mejor persona si ese deseo nace de un autorrechazo?

Nos hemos convencido de que hay un «yo» mejor u otra emoción mejor de la que estamos sintiendo ahora. Pero no es así. En este momento no existe un «tú» mejor que el de este momento. Tampoco hay nada mejor que sentir ahora que lo que estás sintiendo ahora, simplemente porque esto es lo que estás sintiendo ahora.

Para muchas personas esto puede significar hastío, desmotivación o tirar la toalla, pero es justo lo contrario. Es recoger la toalla y empezar a asumir nuestra experiencia tal como es. Lo llaman vivir plenamente y no se enseña en los colegios ni se ve en los mejores cines. Se aprende mirándose uno mismo con una mirada respetuosa y de aceptación.

Estamos viviendo una vida humana que, a fecha de hoy, implica lo que implica. Pero puedo asegurarte que todos disponemos de todo lo que necesitamos para vivirla. Puedo asegurarlo porque me he encontrado con muchas personas con vidas llenas de sufrimiento que hallaron la valentía de vivirlas. Fueron personas que habían sido violadas, otras maltratadas, otras habían perdido a un hijo o se encontraban en fase terminal de una enfermedad.

Estas personas que acudieron a mí para que las ayudara a vivir sus procesos terminaron convirtiéndose en mis maestros. Todas ellas me mostraron que detrás de esa situación estaba su capacidad de vivirla con plenitud. Porque lo único que se nos pide es la decisión de ser honestos con nosotros mismos y abrirnos a un autodescubrimiento que viene dado de forma natural dentro de esas situaciones. Esta decisión de la que hablamos aquí, insisto, no te la puede enseñar nadie. Esta decisión te pertenece a ti descubrirla, llevándola a cabo. Y ¿cómo se lleva a cabo? Decidiendo ser honestos con nosotros mismos y abrirnos a un autodescubrimiento.

Pasar de sufrir a aprender a gozar; lo siento, pero no es cuestión de lo que ocurre en nuestras vidas, sino de nuestra decisión de vivirlas abiertamente. Nos olvidamos de cómo respirar y de cómo asumir las situaciones tal como ocurren, porque estamos dormidos, anestesiados, hipnotizados por el deseo de ser distintos de como nos vemos.

La inseguridad es una de las farsas más grandes que los seres humanos hemos inventado. Hemos convertido la atención natural que surge del ser en una temerosa alerta mental basada en la inseguridad, inseguridad por cómo nos sentimos, inseguridad por cómo nos relacionamos con los demás, inseguridad hacia nuestra vida.

Imagínate un ser viviendo una vida de la cual se siente inseguro. Eso implica un gran caos mental y una gran angustia emocional. Por un lado su ser le pide abrirse a la vida y descubrir que él es la vida y, simultáneamente, la mente le dice que tenga cuidado porque esa vida no se merece su confianza.

La inseguridad es totalmente insoportable. Es tan insoportable que terminamos culpando a todo lo que nos rodea de aquello que sucede en nosotros. Sin embargo, dentro de una lógica universal, nada ni nadie culpa a nadie ni a nada de cómo es su propia existencia.

Muy pocas personas se dan cuenta de que existir como existen es impresionante, y eso ocurre porque estamos habituados a sufrir en lugar de vivir. Apenas nadie es feliz por el hecho de existir. Esto que acabas de leer es suficiente como para sentarse y quedarse mirando esta idea un buen rato.

Permíteme insistir de nuevo. Si tú estás viviendo una vida humana, te aseguro que tienes a tu disposición todo lo que necesitas para vivirla. Ya contienes en ti todo el potencial para vivirla plenamente.

Si yo trato de ser un ser humano perfecto, voy a tener que negar primero mi estado mental de imperfección. Entonces voy a empezar a esconderme, a no mostrarme, para que no vean cuán imperfecto soy. Mientras no deje de temer el mostrar cuán imperfecto soy, no podré ver la perfección que existe detrás de mis creencias.

Vivimos intentando hacer todo bien, cuando en realidad somos pura perfección universal, pero dentro de unas coordenadas espaciotemporales donde aún no se contempla esa perfección. Quizá haya llegado el momento de descansar de esa lucha interior. Quizá es hora de mirar con respeto hacia ti. Quizá te ha llegado el momento de disfrutar de la película, en lugar de tratar de maquillar constantemente al protagonista de las historias proyectadas en una pantalla.

Todo lo que buscamos actualmente se encuentra en la práctica sostenida de contemplar los pensamientos sin creérnoslos a ciegas. Tarde o temprano descubres que te has estado engañando de forma repetida durante toda tu vida, creyendo ser quien piensas que eres en lugar de ser lo que eres en verdad.

HOMO UNIVERSUS

Cuando me asomo a la consciencia universal de la mente, curiosamente, lo primero que reconozco es la ignorancia de mi mente humana.

Hoy en día aún miramos el universo como algo ajeno a nosotros, como si fuera un lugar que nos rodea, sin ser conscientes de nuestro verdadero lugar en él. Universo etimológicamente proviene de la palabra *universus,* que significa el punto donde todo se une y gira; sin división.

Hasta el día de hoy no hemos hecho más que aproximarnos al universo desde un paradigma contrario a su significado original. Lo investigamos a través de artefactos, telescopios, cohetes o bases espaciales como si éste no tuviera nada que ver con nosotros. El universo, visto como algo ajeno a nosotros, nos queda muy en la sombra de nuestro entendimiento.

No conozco a muchas personas que se hayan percatado de que cada instante de sus vidas transcurre dentro de esta vastedad inexplorada. Curiosamente tan vasta y tan inexplorada como lo es nuestra propia consciencia. ¿Serán la misma cosa?

De pequeño, recuerdo que jugaba con la pregunta «¿Qué he sido antes de ser Sergi?», porque la respuesta a la pregunta me fascinaba. Me fascinaba no por el qué había sido, sino porque la respuesta no llegaba en forma de conceptos o imágenes a mi mente, sino en forma de experiencia. Era muy consciente de que esa respuesta era dada. Después de hacerme la pregunta, todo lo que percibía enfrente de mí desaparecía. Era como si la realidad física sucumbiese al autocuestionamiento y se desvaneciera como si fuera niebla, dando lugar a otra realidad. Detrás de esa niebla aparecía un universo.

Esta experiencia resultaba ser paradójica porque yo era el universo que veía y al mismo tiempo mi conciencia viajaba a través de él. Era como si el propio universo fuese un ser que pudiese crear un enfoque de la conciencia con el que poderse conocer a sí mismo. Todos nosotros somos fruto de ese enfoque universal.

Esa experiencia también me enseñó que hay otras formas de pensar, que no requieren un proceso de concatenación de pensamientos ni conceptos. Me mostró que existe una forma de conectar con otros espacios mentales que suelen estar dormidos por no hacernos las preguntas que detonan su activación o despertar.

Debido a que nos hemos creído nuestra percepción, que nos informa de nuestro aislamiento universal, no aparecen en nuestra mente las preguntas que pudieran detonar respuestas sobre nuestra identidad universal. Así que la conquista del espacio, que tanto hemos emulado en las películas de ciencia ficción, no se consigue con naves espaciales, sino con una mirada interna.

Si te conoces a ti mismo, conoces también tu origen, el universo. El físico e inventor Nikola Tesla expresó en una ocasión que reconocía el vínculo de su mente con el universo pero que no tenía tiempo para investigarlo, ya que su función era otra. En una ocasión llegó a afirmar: «Para encontrar los secretos del universo, piensa en términos de energía, frecuencia y vibración», invitándonos con ello a pensar desde otra perspectiva muy distinta a la que estamos habituados.

Tenemos todavía la creencia arraigada de que la realidad es física. Según los datos actuales de la NASA tan sólo el 0,03% del universo que vemos corresponde a cuerpos sólidos, como por ejemplo planetas. El 99,97% restante correspondería a energía oscura, materia oscura, neutrinos, estrellas, hidrógeno libre y helio.

La materia física y el conjunto de nuestra realidad son transparentes a los ojos de una mentalidad universal. Esto es lo que se me mostró desde muy pequeño. Así como también que un pensamiento puede crear una realidad creíble a pesar de no existir dicha realidad.

Cuando soy consciente de la vastedad del universo de la mente, curiosamente, lejos de reconocer el conocimiento universal, lo que reconozco es la ignorancia de mi mente humana. Los humanos de hoy en día, lejos de aceptar nuestra ignorancia, preferimos establecer nuestra propia forma de ver las cosas. Con esta estrategia mental anestesiamos la angustia de no saber nada, pero al mismo tiempo dormimos a nuestra mente, que sueña ávida de reencontrarse con la verdad.

El universo se relaciona íntimamente con todo aquello que existe en él. Dicha intimidad es tan profunda que se convierte en un gran misterio para aquellos cuya mentalidad es superficial y temerosa. Es extraño que ocurriendo esta íntima relación dentro del universo, la mayoría de las personas no sea consciente de esta hermosa relación. Tan inconscientes somos, que incluso ni nos llama la atención en comparación con la atención que ponemos en otras cuestiones. Cuando la atención migra de esta manera, la pregunta «¿quién soy?» se transforma en «¿cómo puedo sentirme mejor?» Ahí empieza el sufrimiento.

Redescubrir esta íntima relación universal y devolverle nuestra atención implica replantear de raíz nuestro punto de vista de la realidad; una realidad humana, fuertemente atesorada y protegida por todos aquellos que creyeron ser hijos de las creencias de esta época actual.

Atender a esta relación implica saber que nosotros no existimos como entidades separadas del universo y a su vez reconocer también que somos pensamientos pensados por él. Esta inconmensurable conciencia eterna no es «definible» bajo una perspectiva humana. Más bien ella nos define a nosotros y, en su definición, nos incluye junto a todo lo existente.

Nuestra psique proviene de un todo universal. Por esta razón la psique humana, vista de forma aislada, no es comprensible y vivirla así termina siendo muy doloroso. Es decir, los procesos psicológicos humanos no se comprenden totalmente sin una visión inclusiva dentro del universo infinito del que nacen. Y esa incomprensión sostenida nos lleva a la depresión.

Uno puede empezar a ver y a pensar como piensa un universo cuando en un primer paso se abre a cuestionar sus ideas personales acerca del mundo, la vida y de sí mismo. Este paso implica un cuestionamiento amable, pero comprometido, de todo cuanto uno piensa y percibe. Sin rechazar lo que uno ve, puede llegar a comprender que eso no es verdad, sino que es una mera opción dentro de un sinfín de posibilidades.

Escuchar los pensamientos del universo implica conocerse a uno mismo de forma integrada en Él y por lo tanto uno desaparece como individuo. En el proceso, las fronteras delimitadas por la percepción personal quedan trascendidas por la experiencia universal del ser que se sabe uno con todo. Es en ese instante cuando las interpretaciones pierden valor y se disuelven, y la mente contemplativa despierta el recuerdo universal.

EL PORQUÉ DE LAS COSAS

Cuando sólo hago uso de mi propia mentalidad,
no encuentro en ella rastro de certeza.

La gran zanahoria de los seres humanos, perseguida hasta la saciedad, es el intento frustrado de encontrarle un sentido a las cosas. Lo llamamos el porqué. Por qué me has dejado. Por qué has hecho esto. Por qué llueve hoy. Por qué he enfermado. ¿Sabes cuanta energía usamos en un solo día para intentar comprender lo que sucede?

Cuando sentimos tristeza, ésta no tiene un significado propio hasta que nosotros se lo damos. Al hacerlo, la situación que creíamos ser la causa de nuestra tristeza pasa también a tener un sentido triste. De esta manera encajan y parecen tener lógica y coherencia. Es entonces cuando creo haber comprendido por qué siento tristeza y por qué me ha ocurrido tal situación. Sin embargo, sigo buscando el sentido a todo ello, porque en el fondo sé que sigo sin comprender.

Todo responde a un orden mayor que se nos escapa al mirarlo desde nuestra pequeña perspectiva. Nuestro yo es demasiado joven y limitado en experiencia como para poder concebir lo eterno, lo infinito y sus mecanismos de manifestación dentro de nuestra solitaria percepción de la realidad de la existencia. No podemos comprender del todo ningún acontecimiento de nuestra propia vida si lo interpretamos desde un punto de vista personal, desde el que no somos conscientes de lo eterno e infinito de nuestro ser.

Entretenerse en tratar de comprender lo incomprensible es una pérdida de tiempo para aquellos que lo que quieren con todo su corazón es cruzar el velo de la ignorancia. Sin embargo, parece gustarnos esa manera de vivir la vida. En lugar de vivirla en paz y así comprender qué es la vida, le exigimos una comprensión previa para poder vivirla en paz. La paz nos lleva a la comprensión; sin embargo, preferimos que la incomprensión nos lleve a la comprensión preguntándole a ella el porqué de las cosas.

¿Puedes imaginarte tu estado mental si en lugar de negarte a vivir lo que no comprendes te abrieras a vivirlo? Podemos referirnos aquí a la muerte de un ser querido, a la que nos aferramos con la intención de terminar comprendiendo algún día el porqué de su muerte. Muchas personas soportan este dolor a la espera de comprender el porqué, en lugar de vivirlo y comprenderlo finalmente a través de su vivencia. Es la vida la que nos lleva a la comprensión y no la incertidumbre, ni el miedo, ni el sufrimiento, ni las creencias religiosas o espirituales.

Sólo podemos comprender que la muerte no existe cuando nuestra mente está en paz. Desde la paz podemos, entonces, mirar esa situación desde nuestro corazón, lugar en el que nunca nada empieza ni termina, en el que todo vive unido a todo sin pérdidas ni logros, sólo presencia, sólo existencia, sólo paz. Nos acercamos a esa claridad cuando nos abrimos a dar la bienvenida a todo lo que ocurre, sin «peros» que valga la pena objetar ni «porqués» que valga la pena cuestionar.

La gran mayoría de las veces, este intento de descubrir un sentido aceptable de la vida lo usamos para esconder nuestro miedo a la ignorancia que tanto nos atemoriza. Lo que sucede a nuestro alrededor no tiene sentido tratar de comprenderlo mientras lo percibamos como algo ajeno a nosotros. Todo ocurre como emanación de nuestro ser o como proyección de nuestros miedos, y en ambos casos si uno no usa esas situaciones para conocerse a sí mismo, se autocondena a vivir en el limbo mental de preguntarle al pasado: «Pasado, ¿por qué has sucedido así?»

LA MIRADA CONTEMPLATIVA. VER O PENSAR

Mis propios pensamientos nublan mi mirada universal.

La mentalidad humana actual suele ser indisciplinada. De ello que no podamos decidir conscientemente qué sentir o qué pensar. De ello, también, que pensemos cosas que no podemos dejar de pensar. Pareciera que los pensamientos tienen el poder de pensarse a sí mismos dentro de nuestra cabeza sin nosotros poder hacer nada. Esta especie de rebelión interna es como un motín en el que los pensamientos se erigen como gobernantes de la mente en lugar de ser sus servidores. El mundo al revés.

Este «del revés» procede de una inmadurez natural a la hora de usar nuestra mente. Es la misma inmadurez, de nuevo, que vivimos de niños cuando nos pusimos de pie y dimos los primeros pasos. Tratábamos de mantenernos en equilibrio e hilvanar tres pasos, pero era como si nuestro cuerpo aún no respondiera a nuestra voluntad. Pareciera que las piernas tuvieran vida propia y fueran donde ellas quisieran ir.

Nuestra inmadurez mental no nos permite ser conscientes del uso que hacemos de la gran mayoría de los pensamientos que pensamos, ni tampoco de cómo miramos a través de ellos, como si fueran cristales de colores, para ver lo que llamamos realidad. Por ejemplo, cuando decimos que no nos gusta el color verde pino estamos pensando un pensamiento que nos dice que no nos gusta ese color. En realidad no sabemos si nos gusta o no, porque vemos el verde pino a través de nuestro pensamiento «No me gusta el color verde pino».

No estoy insinuando que tenga que gustarte el verde pino o que tengas que comprarte camisetas de este color para conseguirlo. Tampoco insinúo que sea incorrecto pensar que no te gusta ese color. Estoy diciendo que cuando a mí no me gusta algo sé que no es en verdad que no me guste, sino que me he identificado con un pensamiento que piensa eso. Aquí vemos claramente dos posibles distintos usos del pensamiento o identificarme con él o contemplarlo.

Indaguemos un poco más y miremos por un momento qué es pensar. Para poder aproximarnos a la versión humana y actual de lo que es pensar, lo hemos buscado en el diccionario de la Real Academia Española. Lo define así: «Formar o combinar ideas o juicios en la mente. Examinar mentalmente algo con atención para formar un juicio. Opinar algo acerca de una persona o cosa. Formar en la mente un juicio u opinión sobre algo. Recordar o traer a la mente algo o a alguien».

Desde este prisma de comprensión del acto de pensar, el pensador piensa pensamientos que proceden sólo de dentro del ámbito de lo personal. Es decir, que piensa sus pensamientos. Incluso si piensa algo sobre otra persona, ese pensamiento es su forma personal de pensar acerca del otro. Lo que queremos exponer aquí es que pensar, según lo hemos comprendido hasta ahora, implica pensamientos personales, el «yo pienso tal cosa».

¿Pudiera ser que hubieran otras formas distintas de concebir el pensamiento? ¿Existe una forma de concebir la realidad que no tenga nada que ver con la manera en la que pensamos hoy en día los humanos? Cuando apareció el ser humano, ¿apareció también el pensamiento en el universo o ya existía previamente?

Hubo un cambio drástico en mi forma de comprender el proceso de pensar y la mente pensante (hoy en día aún asociada al cerebro) cuando me di cuenta de que los pensamientos que pensaba no eran sólo míos. Me di cuenta de que mi mente en realidad no estaba creando pensamientos, sino que estaba sintonizando con ellos y que mi cerebro era tan sólo el aparato físico desde el que yo era consciente de mi mente.

Si hubiera nacido en el año 1123 hubiera pensado que la Tierra era plana, que los seres humanos jamás volaríamos y que el Sol daba vueltas alrededor de nuestro planeta. Pero al nacer en 1975 mis pensamientos son otros. Si hubiera nacido en un lugar distinto de Barcelona, como por ejemplo un poblado indígena australiano, también serían otros mis pensamientos, y si hubiera nacido en Ad Dawadimi (Arabia Saudí), también serían otros.

Los pensamientos que pensamos no son tan nuestros como creemos, en realidad responden a una sintonización con el contexto del lugar y el tiempo en el que nos encontramos. A este contexto lo llamamos coordenadas mentales.

Ahora bien, ¿qué sucede cuando abrimos el rango de sintonización de pensamientos a un rango que va más allá de nuestro contexto personal? ¿Qué sucede cuando nuestras coordenadas mentales pasan de ser personales a ser universales?

Yo siempre había visto el cerebro como la máquina productora de ideas y pensamientos y, por lo tanto, los pensamientos que pensaba eran míos y sólo míos. Eso me hacía genuino y particular y me diferenciaba de los demás. Diferencia gracias a la cual yo podía ser yo. *Cogito ergo sum* (pienso luego existo). ¿Te suena?

Cuando cuestionamos la realidad de nuestros pensamientos «personales», nuestra conciencia respira como si nos quitáramos una prenda de vestir que fuera de una talla menos de la que nos corresponde. Ese cuestionamiento es lo que llamamos contemplación. En lugar de identificarnos con lo que pensamos, lo contemplamos sin otorgar realidad al pensamiento pensado.

Esta mirada contemplativa tiene las tres características esenciales para la transformación. Es honesta, porque mira de frente al pensamiento sea cual sea. Lo mira aceptándolo, porque no lo rechaza. Y confía en lo que ve, porque no interviene. Entonces, de forma natural, la mente se abre a un rango más amplio de conciencia, mostrándonos así un abanico de pensamientos más vasto del que existe dentro de la mentalidad humana actual.

Ahí aparece el silencio y junto a él los pensamientos de unidad, de felicidad, de plenitud, pero con una calidad distinta. En este caso los pensamientos no son imágenes mentales que puedas contemplar, son experiencias.

Sólo desde este silencio presente uno puede llegar a escuchar los pensamientos tal y como los piensa la conciencia universal, sin interferencias humanas, sin intenciones personales que traten de hacerse con el control de lo que ocurre, sin expectativas.

El pensamiento «personal» siempre responde a los intereses personales del pensador. Es por esta razón, también, que el pensador siempre suele defender lo que piensa, porque cree que lo que piensa es verdad sólo por el hecho de ser él quien lo piensa.

Visto así ahora, pensar no consiste en poseer pensamientos, sino en contemplarlos. De esta manera podremos ver los pensamientos universales que ya están ahí, en lugar de inventar nuestra versión personal, que no es más que una sombra de los pensamientos originales. Por ejemplo, la idea de un mundo sin hambre existe, pero aún no la vemos porque nuestros pensamientos que dan lugar al mundo hambriento aún nos resultan más atractivos que los de un mundo sin hambre.

Visto esto, aquí es cuando yo dejo de defender mis ideas, me callo y me siento en una silla a mirar qué creencias y pensamientos contiene mi mente que apoyan el hambre en el mundo. Entonces, sorprendido, descubro este pensamiento: «Es imposible que ahora mismo se termine el hambre en el mundo». Creer en esta idea hace que inconscientemente la apoye y eso me impide ver ideas que podrían facilitar un mundo sin hambre.

Si realmente todas las grandes ideas existen antes de que nosotros las pensemos, significa que estamos constantemente expuestos al máximo conocimiento universal, pero no alcanzamos a verlo porque lo que vemos es nuestra versión del universo hecha a nuestra imagen y semejanza, limitada y atada a nuestras creencias culturales, personales y de la época en la que creemos vivir. Si lo que digo es cierto, el único camino al conocimiento es liberarnos de nuestras ideas personales acerca de todo.

Un pensamiento personal es un juicio y los juicios nublan la mirada al infinito, lugar en el que el conocimiento vive. Sin embargo, aquí no se te pide no juzgar. Eso quizá sea imposible. Se te pide, en cambio, que contemples tus juicios sin creértelos, para que así puedas ver la paz, la belleza y el amor que esconden.

Cuando descubrí todo esto que aquí he expuesto se me mostró también que cuando un universo piensa, crea. Y que su pensamiento es uno solo, íntegro, del cual tú y yo formamos parte.

Estoy diciendo que tú eres un pensamiento que piensa el universo y que estás unido intrínsecamente a todo lo que ves y a todo lo que no ves desde tu perspectiva personal de la realidad. Estoy diciéndote que tu vida es sólo tu versión personal vista desde tus pensamientos personales y que existe otra versión de los hechos basada en la perspectiva universal, en la que el miedo y el sufrimiento no se conocen.

Una persona que esté absorta en resolver su sufrimiento desde sus propios pensamientos, no puede ver más allá de ellos. Ni tan siquiera puede imaginarse la posibilidad de que uno mismo está siendo pensado por una conciencia universal que no desea nada más que plenitud.

Es por eso que para ver, uno antes deber mirar y reconocer su ceguera y la ignorancia que anida dentro de los pensamientos pensados de forma aislada, de espaldas a la conciencia universal.

Mi sufrimiento como ser humano siempre ha llegado de la mano del hecho de querer tener la razón y aferrarme a una idea o a una opinión. Detrás de cualquier momento difícil que haya vivido, siempre ha habido una interpretación personal de ese suceso. Verlo y abrirme a soltarla es lo que me ha devuelto siempre a la libertad y a la paz previas a mi opinión personal.

La contemplación es una de las acciones más bellas de la mente actual. Dejar atrás la intención de protegernos de la muerte en todas sus facetas: desprestigio, menosprecio, indiferencia, estrés, control, arrogancia, vanidad, mentira, exageración, implica una decisión valiente, llena de confianza, aun cuando no se ve todavía nada en que confiar.

CON EL ESFUERZO CONSEGUIRÁS SUDAR

Nos hemos inventado el esfuerzo por pereza a asumir el instante presente.

La cultura del esfuerzo, de las metas, de los objetivos nobles y la satisfacción conseguida con los logros es lícita, respetable y maravillosa para aquellas personas que así lo piensan. Dicho esto, permíteme indagar en ella desde la posibilidad de que esta cultura agotadora sea sólo una versión de los hechos y nada más.

Si miras detenidamente tu manera de vivir, ver la vida pasar sin apenas vivirla posiblemente sea tu caso. Esta falta de plenitud podría deberse al hábito de darle la espalda a la experiencia presente y, consecuentemente, vivir en el deseo de que las cosas sean distintas de como son ahora.

Quizá cada vez que decidimos esto sintamos dolor. Dolor que, al llegar a ser insostenible, lo justifiquemos primero con un motivo ajeno a nosotros e inmediatamente lo anestesiemos con una dosis inyectada de cincuenta miligramos de propósito inventado, el propósito de conseguir metas.

El razonamiento vendría a ser este: (toma aire que la frase es larga) como quiero que las cosas sean mejores, justifico el dolor del rechazo hacia mí y luego la situación que me rodea, porque creo que al rechazarlo llegaré a ser mejor persona y así no sentiré el dolor que todo esto que acabo de decir produce. De hecho, soportaré el autorrechazo con esfuerzo y constancia porque estoy totalmente convencido de que va a servir para algo mejor que está por llegar algún día. En realidad, cansa solo pensarlo.

A este razonamiento algunos lo llaman lógica. Pero es tan ilógico que necesita de toda una cultura detrás con millones de personas que lo apoyen, porque de no ser así, se vendría abajo de forma natural. Para mantener esta lógica en pie, la cultura del constante rechazo a uno mismo o a las circunstancias, avalada por el esfuerzo y la mejora, requiere mucho esfuerzo, sacrificio y resignación. De no ser así queda obsoleta al primer intento.

Por esta razón adiestramos a los niños a esforzarse, porque por naturaleza ningún niño conoce el esfuerzo. Sí conocen la pasión de hacer lo que les apasiona, sí conocen la infinita e incansable dedicación a nutrir sus talentos naturales. Al niño que le apasiona dibujar no ve la hora de terminar de hacerlo. A la niña que le apasiona construir cosas lo haría todo el día. Al que le apasiona bailar, el tiempo vuela. En ninguno de estos casos veríamos rastro de esfuerzo.

Naturalidad y esfuerzo son fuerzas opuestas. Si algo es natural, no te esfuerzas, si te esfuerzas, no es natural. Esta es la razón por la que ningún niño o niña cuando pasan por el cambio más drástico de su vida, ponerse en pie y dar los primeros pasos, no viven ninguna clase de esfuerzo. Es un proceso natural. Están tan apasionados en descubrir esa cosa nueva, tan absortos en dar lugar a ese impulso interno irrefrenable, que su constante dedicación es pura dicha.

Si estás leyendo esto y dispones de un modelo mental basado en el esfuerzo, tu mente te estará chivando por el pinganillo de la oreja que si dejas de esforzarte caerás en la pereza. Pero fíjate que la pereza no es el opuesto del esfuerzo, en realidad es su sinónimo. ¿Sorprendido? La mente que se esfuerza por cambiar las cosas es altamente perezosa a la hora de asumir las circunstancias presentes, es perezosa a la hora de aceptar los sentimientos que siente y es perezosa a la hora de asumir su propio estado mental actual, porque le teme. Lo opuesto al esfuerzo y a la pereza, lo hemos visto en los niños, es la dedicación.

Ahora, lee esto con atención. Si te estás esforzando en alguna área o áreas de tu vida, por favor sigue esforzándote. Esforzarte puede que sea la única forma de llegar a descubrir que el esfuerzo en realidad niega la vida. No tienes por qué caer ahora en la estupidez de esforzarte por no esforzarte.

HACER SIN HACER NADA

Cuando haces lo que amas,
es el amor quien lo hace y no tú.

Sé que si todos hiciéramos lo que amamos hacer, en este mundo aparecería un nuevo sistema humano tan increíblemente inteligente, bondadoso, íntegro y altruista que ahora mismo no podemos ni imaginar.

Son muchas las ocasiones en que he oído esta frase: «No hagas nada; permite que las cosas sucedan por sí mismas». Durante un periodo de mi vida, creí haberla comprendido, pero en realidad la cotidianidad siempre me sobrepasaba y una y otra vez caía en el incansable intento de salir del laberinto del no parar de hacer cosas para conseguir esa famosa seguridad económica o esa famosa seguridad emocional o esa famosa seguridad de pareja o esa famosa seguridad social o esa famosa seguridad…

«No hagas nada; permite que las cosas sucedan por sí mismas» no es comprensible desde nuestra perspectiva dual de las cosas. Cuando vemos la vida como algo ajeno a nosotros, viendo situaciones que tienen lugar a nuestro alrededor, es fácil creer que no hacer nada implica cruzarse de brazos, sentarse en el sofá y esperar a que sucedan las cosas.

Somos una forma de vida. Así que somos vida al igual que todos los seres vivos, por más que lo intentemos obviar con nuestro brillante intento de ser únicos y exclusivos. Desde esta ventana a la unidad podemos llegar a reconocernos como una expresión de vida unida a todo lo que acontece a nuestro alrededor. Recuerda que *universo* significa el punto donde todo se une y gira. Desde este reconocimiento unitario, no hacer nada significa no intervenir desde nuestra perspectiva personal, significa no interferir con la vida.

Aprender a no interferir con la vida implica estar abiertos a soltar la necesidad de que lo que hacemos tenga un valor individual, colme nuestras necesidades o incluso sea reconocido por los demás. Implica no tratar de obtener beneficio de la vida, sino más bien descubrir el potencial intrínseco que implica ser vida.

Cuando descartamos indagar en ese potencial, amanece la necesidad de hacer cosas para tratar de completarnos, cuando en realidad ya estamos completos por el simple hecho de vivir. Vivir y estar realizado son sinónimos.

Hacemos lo que hacemos para obtener algo de ello, porque no sentimos la plenitud de la vida en nosotros. Mientras no somos conscientes aún de nuestra realización, preferimos actuar desde el ámbito de lo personal porque parece ofrecernos seguridad. Ahí empezamos a exigir que las cosas que suceden de forma natural ahora tengan que ser como nosotros queremos que sean. Al querer que las cosas sean como nosotros creemos que deben ser, menospreciamos lo que ocurre en el presente y eso duele.

Una acción humana siempre tiene dos posibilidades. Una es realizar esa acción como expresión de vida, en la que la acción ocurre a través de nosotros. La otra es en forma de intento para llegar a sentirnos vivos. La primera no espera resultados porque la propia acción ya es el resultado. En la segunda opción pasamos a depender del resultado concreto para que nos lleve a sentir unas sensaciones específicas para así poder creer que estamos plenos.

Esta segunda versión nos ata a tener que seguir actuando siempre de la misma forma, porque al creer que no somos plenos pasamos a depender de nuestras sensaciones inventadas de plenitud. Así es como nacen nuestros hábitos, con los que tratamos de anestesiar la conciencia para que no sienta esa desconexión con la vida.

¿Has visto cómo se cierra el círculo? La forma de actuar inconsciente me lleva a tener que seguir actuando de ese mismo modo para anestesiar la angustia que genera esa misma forma de actuar que está desconectada de la vida. Actuamos sin saber por qué, actuamos sin saber quiénes somos.

No saber qué es lo que en realidad somos nos lleva a tener que depender de nuestras acciones. En esa dependencia, las acciones pasan a definirnos a nosotros. Si actuamos de una manera concreta, seremos de esa manera concreta. Si actuamos de otra forma, seremos de la otra forma. Pero si somos honestos, veremos con claridad que nosotros somos los que definimos las acciones que luego usamos para definirnos a nosotros y darnos una sensación de identidad propia a la que llamamos «Yo» y que a su vez tiene sus apellidos: bueno, simpático, arrogante, serio, profesional, infiel, etc.

Visto esto, ahora no se trata de intentar no actuar desde este segundo caso. El mismo intento de dejar de actuar desde este segundo caso es también una acción de este mismo tipo. ¿Recuerdas el círculo? Para poder llegar a soltar un patrón mental antes debemos reconocer su naturaleza, y para ello debemos acercarnos a él en lugar de darle la espalda. Todo lo que acontece desde el ámbito de lo humano requiere ser contemplado con profundidad para descubrir aquello que no vemos aún.

Nos toca abrir los ojos. Si nos acercamos un poco más a esta segunda manera de actuar, con la intención de des-cubrirla, lo primero que veremos es que las acciones realizadas para conseguir algo son siempre reacciones. En algunas ocasiones esto es muy obvio debido a que la intensidad del momento nos permite ver con esa claridad. Por ejemplo, cuando nos sentimos insultados. En la mayoría de los casos, sin embargo, no nos resulta tan obvio que estamos reaccionando.

Esta falta de claridad a la hora de reconocernos como seres reactivos se debe a lo que exponíamos anteriormente. Al no saber quiénes somos, nos identificamos con lo que hacemos y, al identificarnos, perdemos la perspectiva sobre nuestras acciones. Una vez más, hemos llegado a permitir que nuestros actos nos definan.

Desde esta falta de perspectiva no podemos identificar la naturaleza de los actos. Es algo similar a cuando le gritamos a alguien que no nos grite. Su respuesta, probablemente, sea gritarnos: «Yo no te estoy gritando». Estas dos personas pierden la atención sobre sí mismas para enfocarla en su intento de impactar con sus palabras sobre la persona a la que gritan, y de este modo ya no son conscientes ni tan siquiera de lo que hacen.

Todas las decisiones que tomamos, que tratan de llevarnos a conseguir algo, son en realidad reacciones a este vacío interno. Entonces, a lo que nosotros hemos llamado hasta ahora acciones, deberíamos denominarlo reacciones.

Una acción, a diferencia de una reacción, surge de un espacio interno de autorreconocimiento en el que ya no eres esclavo de tus necesidades personales. Te reconoces a ti mismo como una acción que la propia vida lleva a cabo. En otras palabras, reconoces que tú eres vida en acción.

Para vivir en este espacio de integridad, antes debemos soltar el patrón de reacciones y para soltarlo antes debe ser reconocido. De nuevo, no es posible soltar algo que no ves y no puedes ver algo con lo que estás completamente identificado. Miremos esto más detenidamente.

Al acercamos aún más al sistema reactivo, podemos ver que éste se fundamenta en interpretaciones y no en hechos. Primero interpretamos a nuestra manera lo que vemos, luego interpretamos como nosotros creemos que debería ser la situación y actuamos consecuentemente para lograrlo. Esto significa que a lo que reaccionamos no es a lo que sucede, sino a nuestra interpretación.

Esta manera de pensar y actuar es de locos. No existe paz ni satisfacción real en ella. Sin embargo, cuando nos sabemos parte de todo, sabemos también que nosotros formamos parte de cómo suceden las cosas. Así es como podemos llegar a ver cómo danzan ante nosotros nuestras interpretaciones personales, como si fueran sirenas cantando bellos cantos para obligarnos a actuar según sus directrices.

Un ejemplo muy claro me lo dio una mujer al finalizar un encuentro. Esta persona me contaba que al terminar una charla quería acercarse a mí y saludarme. Cuando se acercó sintió una especie de sensación intensa y vio que había otras personas esperando por la misma razón que ella. Entonces pensó: «Está muy ocupado, no quiero molestarlo más, así que no le saludaré». «Me marcho», decidió finalmente. Este ejemplo que para nosotros parece un acto de libertad, fruto de una decisión coherente, fue en verdad una reacción al miedo a sentir esa sensación intensa que sintió al acercarse a mí. Ella misma me contó al día siguiente que esa sensación intensa fue miedo.

Lo más interesante es cómo la mente nos muestra aquello que necesitamos ver para que creamos que nuestras reacciones temerosas están justificadas por un contexto lógico y racional. Reaccionar es huir y toda huida necesita de una causa coherente. Como esta causa no existe, en la gran mayoría de los casos nos la tenemos que inventar. Ahora podemos ver, si así lo decidimos, que en realidad sólo reaccionamos ante nuestras interpretaciones y que éstas, a su vez, nacen de nuestro miedo.

Actuar desde el miedo es no actuar en absoluto. Por esta razón, por más que tratamos de cambiar las cosas, no conseguimos un cambio real y auténtico. Con nuestras reacciones tratamos de decorar nuestra vida para darle un sentido personal, pues hemos perdido de vista el sentido verdadero de lo que es existir.

Hay una gran diferencia entre el instinto de la personalidad y la creatividad del Ser. Así como también la hay entre el miedo y el amor. El primero actúa por supervivencia, el segundo no actúa, simplemente es y ser es la acción en sí misma. Mirar de frente nuestras actitudes o nuestros hábitos nos permite asumir la responsabilidad de dichos hábitos y actitudes, para descubrir así quién hay ahí detrás y ser amor en acción.

P. D.: Atento a no castigarte por pillarte reaccionando ante algo, pues si el miedo es el rey de las reacciones, el castigo es su príncipe heredero.

PODER

Cuanto más poderoso es algo, más invisible se vuelve para la conciencia humana. Justo lo contrario de lo que hemos creído hasta ahora.

El amor es lo más poderoso que existe y por esta razón es completamente invisible ante los ojos de la gran mayoría de las personas. Las leyes que rigen en su totalidad el universo de la conciencia absoluta se basan únicamente en el amor. De hecho, dichas leyes son expresiones de amor. Es por ello que nos incluyen a todos por igual sin distinciones, como a un único ser. Así pues, el verdadero poder requiere que todos seamos totalmente poderosos.

La unidad que rige nuestra existencia es la dadora de poder. Un ser vivo es poderoso mientras sea consciente de su unidad y he aquí el gran problema de la humanidad actual. Al no ser conscientes de nuestra unidad, tampoco lo somos de nuestro poder inherente y entonces nos tenemos que inventar nuestra propia versión del poder. Nuestra invención, al carecer de poder, requiere fuerza y exclusividad. Cuanto más poderoso yo quiero ser, menos tienen que serlo los demás. Visto de otra manera, para yo tener razón, los demás no tienen que tenerla.

El poder universal, al ser un campo de unidad, no tiene opuestos. Es por ello que no se opone a nada, pues no existe nada a lo que oponerse. Ésta es la gran diferencia con respecto al poder inventado de los humanos. Nuestra forma de ver el poder depende de algo a lo que oponerse para así poner de manifiesto, de forma visible, dicho poder. Pero recuerda que el poder verdadero es invisible y ahora ya sabemos que la razón de ello es que el poder verdadero lo es todo y por lo tanto no se opone ni lucha en contra de nada.

Un ser humano que es poderoso se conoce a sí mismo, se sabe universo, y al saberlo entra en paz. Así es como puede reconocer el final de su lucha. Ya no necesita imponerse a nada ni a nadie para sentir su poder. Ya no necesita luchar en contra de algunas de sus emociones, ni en contra del destino de la vida, ni en contra de aquella persona que pudiera parecer que quisiera quitarle algo que él necesita. Poder y paz son la misma cosa.

Los gritos amenazadores que hemos escuchado de otros, y que en ocasiones nosotros hemos llegado a gritar, se convierten ahora en un profundo silencio lleno de sentido pero vacío de intenciones. No queda nada por lo que luchar y todo por lo que vivir.

Ahora podemos usar nuestra cotidianidad como herramienta para reconocer todas aquellas situaciones en las que aún nos defendemos o atacamos, con mentiras, justificaciones, exageraciones, menosprecio, críticas o ironías. Cuando nos defendemos o atacamos hacemos uso de un poder que se siente amenazado y por lo tanto hace alarde de su debilidad. Confundir poder con debilidad obviamente nos sumerge en una confusión de la que no se puede salir si seguimos defendiéndonos y atacando.

Cuando nos vemos inmersos en el hábito de la defensa/ataque, se requiere un instante de reconocimiento de nuestro miedo para ver dicha confusión y hacerla evidente. Cuando la debilidad se reconoce como lo que es y no se confunde con el poder, entonces uno puede dejar de usar la debilidad que antes había confundido con el poder.

Prueba ahora y elige una versión de defensa o de ataque, la que más te guste: la queja, la ironía, la exageración, la ridiculización, la arrogancia, la mentira, el victimismo, la risita superficial, la amenaza, el sarcasmo, levantar la voz, ceder a los deseos de los demás, la ironía. Una vez elegida decide pasar un día junto a ella. Cada vez que reacciones ante cualquier cosa de esa manera mira de frente la reacción y observa qué escondes detrás de esa versión de ataque/defensa elegida. Recuerda que no haces este ejercicio para corregir nada. Simplemente lo usamos para hacernos conscientes de algo que no vemos y escondemos con nuestra forma de reaccionar.

Tarde o temprano verás la cantidad de tiempo y energía que llegas a desaprovechar, de forma justificada, claro, por una sensación de una falsa seguridad que no es más que una versión ridícula del poder. Aprender nuevas vías, como puede ser la del poder, implica antes reconocer las viejas y sobre todo reconocer su inutilidad.

El poder verdadero emerge de la presencia y la presencia brilla cuando alcanzamos la destreza en el pensamiento, el enfoque mental perfecto fruto de nuestra disciplina mental.

DISCIPLINA MENTAL

Una mente indisciplinada genera dolor y sufrimiento porque usa todo para alimentar su importancia personal.

Para comprender qué es la disciplina, despojada de los conceptos sociales, culturales o educativos, antes debemos regresar a cualquiera de las experiencias de aprendizaje fundamental que hemos vivido en nuestra vida e indagar en ellas. Andar, hablar, ir en bicicleta, nadar, son algunos ejemplos. Son experiencias de aprendizaje que no se basaron en la forma de aprender, sino en la voluntad profunda y verdadera de aprender.

Hablamos de una voluntad que está totalmente centrada en aquello que anhela, y lo anhela no por un deseo caprichoso personal, sino porque dicho anhelo emerge de un lugar profundo en nosotros. Hablamos también del aprendizaje que nace de un momento natural en la experiencia vital de una persona. De repente, aparece el momento en el que esa voluntad se despierta y la mente la sigue, exponiéndose constantemente a ese aprendizaje, hasta que lo aprendido queda integrado. Del no sé pasas al sé, sin tu intervención. Tú sólo te expones a tu ignorancia, hasta que ésta desaparece.

Si lo exponemos a modo de ejemplo, verás que mientras uno no sabe ir en bicicleta, se sube a ella y se vuelve a subir, una y otra vez, hasta que el saber ir en bicicleta aparece de repente. Pasamos del no saber al saber, del caerme de nuevo al ya no me caigo. Ese instante donde el aprendizaje nace no es controlable, simplemente aparece y depende sólo del momento mismo en el que aparece. Pero, para que aparezca, tenemos que dirigir nuestra atención hacia ese instante.

Ese instante del que hablamos es el instante presente y para poder atenderlo antes debemos atender a un presente marcado por la ignorancia o por «el no saber ir en bicicleta». En el presente siempre se encuentra el espacio de máximo aprendizaje, porque es el único instante en el que la mente tiene acceso a sí misma.

Los adultos que hemos olvidado esa conexión con lo natural y con el momento presente, ya no dirigimos la atención hacia el espacio de aprendizaje, sino que lo hacemos hacia nuestra idea futura de lo que queremos aprender y, desde esta perspectiva, la disciplina se convierte en prima hermana del esfuerzo.

En el supuesto caso de querer aprender otra lengua distinta de la nuestra, lo que hacemos es atender a lo que creemos que es necesario para llegar a saber esa nueva lengua. Entonces nos esforzamos y nos esforzamos para conseguirlo. Por eso es tan frecuente sentir frustración en la forma de aprender adulta, porque no asume la ignorancia presente. Además, nuestra idea de aprender la nueva lengua ya está marcada por las expectativas y la satisfacción que nos va a dar en un futuro al conseguirlo. Pero curiosamente el aprendizaje ocurre en el presente y no el futuro.

En el aprendizaje natural que describimos al principio, la satisfacción ya forma parte del aprendizaje, porque no hay una disociación entre aprendizaje y aprendido ni entre ignorancia y sabiduría. Todo converge en el presente.

Entonces, la disciplina es sinónimo de decisión. La decisión de exponernos constantemente a un presente ignorante, pues es en el presente donde se encuentra la sabiduría. Esto es lo que nos demuestra Destin Sandlin con «The Backwards Brain Bicycle». Un día le pidieron a Destin que manejara una bicicleta llamada «El cerebro al revés». Esta bicicleta tenía una particularidad mecánica. Cuando girabas el manillar a la derecha, la rueda se movía hacia la izquierda y cuando lo movías hacia la izquierda, la rueda lo hacía hacia la derecha.

Destin, en cuanto se subió en ella por primera vez, se dio cuenta de que al saber ir en una bicicleta corriente, no podía montar esta otra. Trató de lograrlo con todas sus estrategias posibles, pero no lo consiguió. Descubrió que el conocimiento no es comprensión intelectual y que su conocimiento previo no le permitía una comprensión presente de aquella situación a la que ahora se exponía. Entonces decidió montarla cinco minutos cada día. Al cabo de ocho meses, mientras se encontraba en sus cinco minutos de práctica diaria, de repente supo manejar esa extraña bicicleta. Pasó del no saber al sí saber en un instante.

Ese instante en el que de repente sí supo no es consecuencia lógica de las anteriores veces en las que se montó en esa bicicleta. Pero, paradójicamente, sin esos ochos meses en los que decidió montarse en su aprendizaje, ese momento presente no se hubiera dado.

La disciplina consiste en atender al momento presente, nada más. Del resto se encarga el propio momento presente. Disciplina mental entonces es tomar la decisión de atender a este mismo instante y asumir todo lo que conlleva. Verás entonces que en él hay muchos campos de aprendizaje esperándote, listos para madurar. Como por ejemplo el campo de las relaciones o el de las emociones o el de la profesión o el de la abundancia o el de ser papá o el de la sexualidad o el de la insatisfacción personal.

Ahora es cuando la disciplina se acerca más a la presencia que al esfuerzo. Por el contrario, el esfuerzo es una expresión de la personalidad. Presencia es la experiencia del ser a través de la personalidad donde el esfuerzo desaparece y da lugar a la disciplina del presente. Una disciplina basada en la aceptación, la honestidad y la confianza.

Si quieres ser disciplinado en tu vida vas a tener que ser honesto contigo mismo, aceptar lo que ves y confiar en ello. Si quieres enseñar disciplina a otros, vas a tener que entrar tú previamente en coherencia interna porque esta disciplina, al ser la base de cualquier aprendizaje esencial, no responde a la forma de enseñanza, sino a la voluntad de aprender.

Un maestro disciplinado, pues, es aquel que vive sentado en su ignorancia, aprendiendo de lo que enseña, sin enseñarlo a nadie más que a sí mismo. Cuando se despierta ese nivel de atención, aflora la humildad interior y de ésta emerge el poder exterior.

Ahí sentado en la cima del monte de su ignorancia, haciéndose responsable del monte entero, nace la destreza del pensamiento y con ella la mente regresa a su trono. Mente y voluntad se reencuentran y el poder aparece expresándose con cada pensamiento, sentimiento o acción, pues todo ello es uno, finalmente. Ya no hay disociación mental, ya no hay indisciplina mental. Y si ésta aparece la miras honestamente, con ternura, la aceptas y confías en que estás en el momento de máximo aprendizaje.

LA PARÁBOLA DE LAS ORUGAS MALVADAS

No es necesario creerte un juicio si no tienes la certeza al cien por cien de que es verdad.

En mi casa hay un rosal de rosas de color malva. Su belleza es una fiesta de color, ternura y aroma. En una ocasión me di cuenta de que algunas hojas estaban siendo devoradas por algún tipo de insecto. Con curiosidad, y también con muchas ganas de poner fin a aquello, me acerqué a buscar la causa de tal delito biológico. Cuatro orugas vestidas de tonalidades verdes y pinchos amenazadores parecían hacer la siesta y digerir la porción de hoja que le faltaba al rosal y que se habían comido durante aquella mañana.

El primer sentimiento que salió a escena fue de desagrado. «Estas orugas no son como esos suaves, finos y graciosos gusanos de seda con los que tanto había jugado de pequeño», pensé. Estas orugas, a pesar de estar inmóviles, me estaban amenazando. «Como nos toques te va a doler, Sergi.» Seguidamente, a la emoción se asomó un pensamiento, que creyéndose con todo el derecho de ser pensado decía: «Qué malvadas son estas orugas, ¡qué malvadas! Sácalas de mi delicado rosal ahora mismo», gritaba el pensamiento dentro de mi cabeza.

Me dispuse a sentir lo que sentía y a pensar lo que pensaba, mirándolo, sin hacer nada. Di tiempo para ver qué había en esa situación que yo no veía, nublado como estaba por mi sensación de injusticia. En ese tiempo de silencio me pregunté: «¿Quién soy yo para decidir qué es lo correcto y qué no lo es en esta situación regida por la naturaleza?» Entonces apareció un sentir de paz y de alegría, por los que decidí apostar en lugar de hacerlo por dicha injusticia.

Cada día iba a contemplar la situación. Las orugas cada vez más gorditas y el rosal con menos hojas enteras. Un día las orugas habían desaparecido. «¿Se habrán convertido en crisálida?», me pregunté. Miré por entre las hojas y no vi nada significativo. A los pocos días el rosal estaba lleno de pequeños nuevos brotes verdes que pedían paso a la vida con mucha fuerza y alegría.

Una tarde, mientras realizaba manguera en mano la ronda diaria para regar las plantas, llegué al rosal de rosas malva. Al regarlo apareció de detrás de una hoja una bella mariposa de dos tonos de amarillo. Sin rastro de pinchos ni de amenazas, la mariposa voló perdiéndose por detrás de unos arbustos.

La belleza de la mariposa y la del momento en el que ella apareció por sorpresa era obvia, pero la belleza de la enseñanza aún lo era más. ¿Cuántas veces en mi vida había eliminado «situaciones oruga» y no había llegado a contemplar las «situaciones mariposa» en las que estaban llamadas a transformarse?

LA CONSTANTE DE LA RELATIVIDAD

Permítele al espacio y al tiempo abrirse ante ti para que puedas ver que tú eres el eterno infinito.

La realidad humana actual se basa en un continuo movimiento que surge de la convergencia entre el espacio y el tiempo. Cuando algo aparece en este mundo tridimensional, decimos que nace o se inicia. En cambio, cuando desaparece, hablamos de muerte o final. Entre la aparición y la desaparición tiene lugar su existencia, que en realidad es un movimiento que va desde el inicio hacia su final. Todo empieza y todo termina en nuestra realidad.

No existe estabilidad desde esta perspectiva de la realidad, todo es impermanente. Aquello que nace, muere tarde o temprano. Un ser humano dormido dentro de una realidad en movimiento, tratará de acelerar los procesos que él considere desagradables para que, una vez que se inicien, terminen lo antes posible. Pero si en cambio lo que aparece es considerado agradable, tratará de disminuir esa velocidad para que desaparezca lo más tarde posible.

Dicho de otra forma, los seres humanos tratamos de manejar el tiempo en base a nuestra propia evaluación de esos acontecimientos temporales. Hacer eso es agotador y muy frustrante. Manejar el tiempo sin conocer su verdadera naturaleza es una invocación al sufrimiento. Ocurre lo mismo con el espacio. Tratar de manejarlo sin conocer su naturaleza duele.

Uno, antes, debe ver nacer y morir instantes, acontecimientos, cosas e incluso a personas, para despertar un sentido sutil que nos habla del tiempo y del espacio desde una perspectiva eterna e infinita. Sólo entonces uno descubre que manejar el infinito y la eternidad desde un lugar y un instante concretos no es nuestra función en la vida. No nos pertenece a los seres humanos manejar lo que no comprendemos. Cuando lo hacemos, nos convertimos en interferencias en medio de un proceso natural que por ahora va más allá de nuestro conocimiento.

La eternidad es ausencia de tiempo y el infinito es en realidad ausencia de espacio. Observa como la mayoría de las personas ve la eternidad como mucho tiempo y el infinito como mucho espacio. De ahí la incapacidad de comprenderlos. Ahora bien, si nos aventuramos a indagar el «no tiempo» y el «no espacio», uno descubre que toda nuestra realidad la hemos asentado sobre los cimientos de nuestra perspectiva del espacio y del tiempo. Entonces si el infinito y la eternidad existen, nuestra versión del tiempo y del espacio no existen y por lo tanto nuestro mundo, y nosotros incluidos en él, no existimos.

Hay demasiadas ideas personales en nuestra mente actual como para poder abrirnos a esa mirada, porque la vemos como una amenaza. El infinito y la eternidad en realidad no amenazan a nada, lo incluyen todo. Lo que ocurre es que cuando incluyes un punto de color negro en un lienzo infinito de color blanco, ese punto negro, visto desde la perspectiva del infinito, desaparece.

Los seres humanos actuales tememos la realización del mismo modo que a la muerte, porque en ella uno se da cuenta de su inexistencia como ser aislado. La realización no es más que la restauración de la cordura universal en la mente limitada de un ser humano. Desde esta perspectiva corregida, la relatividad de nuestro mundo pasa a ser anecdótica. Uno ya no centra su atención en tratar de manejar el tiempo ni el espacio, sino que se entrega al misterio del eterno infinito.

Justo ahí es donde amanece en la mente la constante que, como un sol que ilumina los pensamientos y las emociones, estabiliza la relatividad: la confianza. Alguien que vive protegiéndose de la vida, lo que haría antes de confiar es esperar a encontrar algún motivo para hacerlo. De este modo, cree descansar en la seguridad de que nada nuevo o desconocido lo podrá amenazar. Sabiendo que lo que vemos afuera refleja nuestra manera de pensar y de ver las cosas, queda claro que una persona que no se abre a confiar, jamás verá motivos para confiar.

Confianza y libertad van de la mano. Una mente sumida en su propia oscuridad siempre tiene ante sí la posibilidad de liberarse gracias a la confianza. La confianza, pues, se convierte en una elección que todo el mundo puede tomar si así lo desea, a pesar de que todo lo que pensemos nos indique que esa elección es una locura y un riesgo innecesario. Confiar en la vida no sólo no es un riesgo, sino que además es indispensable si lo que queremos encontrar es a nosotros mismos.

NO ME TOQUES MIS CREENCIAS, POR FAVOR

El corazón no cree en nada, sólo siente amor.

Las creencias son los ladrillos de nuestro mundo. Sin embargo, no se unen entre ellas de forma ordenada como lo harían los ladrillos para conformar una pared. En el caso de las creencias, éstas se entrelazan las unas con las otras para construir una estructura en forma de telas de araña entrecruzadas entre sí, en la que nosotros vivimos atrapados. Es el caso de la araña que olvidó que ella misma tejió la telaraña en la que se encontraba. Olvidó que ella era la arquitecta y al olvidarlo se convirtió en la víctima de su situación.

Cuantas más creencias tengamos en nuestra mente, más atrapados estaremos en ella. Esto es así porque, a más creencias, más densa es la malla de pensamientos a través de la que se piensa. Esta densidad implica también no darse cuenta de que uno está pensando bajo un manto opaco de creencias, porque el tejido de creencias llega a ser tan denso que termina convirtiéndose en un centro de gravedad alrededor del cual giran todos los pensamientos y emociones. A ese centro de gravedad lo llamamos «yo».

Como ya hemos visto, si miramos de frente a quienes creemos ser, observaremos rápidamente que nuestra identidad no sería la misma de haber nacido y crecido en Oriente Medio, o de haber nacido y crecido en Groenlandia. Las creencias culturales, sociales, religiosas, familiares y de la época vivida, estarían marcando el prisma a través del cual ver el mundo, la vida y a uno mismo.

Este establecimiento mental llega incluso a tomar forma en nuestro cerebro a través de las redes neuronales. Éstas son las encargadas de dirigir la información que transita por nuestro cerebro como si fueran caminos marcados. Cuando esto sucede, la neurona pierde la capacidad de resonar por sí misma directamente con el conocimiento. Al perder esta resonancia, el conocimiento desaparece de la conciencia y empieza lo que llamamos amnesia fundamental.

La amnesia fundamental es aquella en la que un ser consciente pierde la consciencia de sus fundamentos: quién es, dónde está, cuál es su origen y cuál es su destino. En el caso de los seres humanos sucede sin que nos demos cuenta porque, al ser la pérdida de los fundamentos existenciales una experiencia tan dolorosa, uno se protege de dicho dolor inventando sus propios fundamentos para llenar el hueco generado por el olvido. A estos fundamentos inventados los llamamos creencias fundamentales.

Así es como, una vez expatriados de nuestra propia conciencia del ser, buscamos «asilo político» dentro de las creencias sociales, de la creencias culturales, de las creencias familiares, e incluso de las creencias religiosas, todas ellas condicionadas por la época en la que vivimos.

Con este proceso descrito, generación tras generación, las creencias fundamentales permanecen inamovibles, permitiendo únicamente pequeños cambios en el nivel superficial de las mismas. Este es el motivo por el cual hoy en día seguimos creyendo que somos seres aislados.

Toda señal de cambio en las creencias proviene de un nivel muy superficial. Por esta razón el paso del tiempo sólo afecta a las creencias superficiales. Para alcanzar y transformar las creencias fundamentales, el tiempo no nos sirve de ayuda. Para llegar al fondo de la cuestión se requiere un profundo ejercicio de autoindagación o estriptis de la personalidad para ir desnudándose de las propias creencias hasta llegar a recordar la esencia fundamental.

Paradójicamente, para llegar a la desnudez completa, debemos aprender a abrazar esas prendas de las que nos desprendemos y al mismo tiempo respetar y agradecer todo pensamiento, idea, emoción, hábito, cultura, cualquier cosa que esté basada en nuestras creencias. El respeto y el agradecimiento aportan claridad y esa claridad nos permite ver más allá de las sombras. Esa claridad se debe a que ambas, respeto y agradecimiento, abren el corazón y al hacerlo la mente puede verlo, escucharlo y sintonizar de nuevo con él.

El corazón nunca se somete a una creencia o a un establecimiento cultural o religioso. Por esta razón, agradecer clarifica y permite a nuestra mentalidad humana una imagen que proviene de fuera de todo condicionamiento.

En cambio, rechazar cualquier tipo de condicionamiento con la intención de ir más a allá de los mismos nos confunde, porque el rechazo es una forma de funcionar muy alejada de nuestra naturaleza esencial existencial primaria. Al no poder ver más allá de nuestra confusión establecida por los condicionamientos, el resultado de dicha cruzada termina siendo más de lo mismo, con el agravante de correr el gran riesgo de que parezca distinto. Es justo así como llegamos a creer que algo ha cambiado cuando en realidad no lo ha hecho.

Algunas personas creen que su cultura se encuentra en un estado más avanzado que algunas culturas antiguas, debido al tránsito de la barbarie a la civilización. Sin embargo, sólo son cambios superficiales, pues en el fondo seguimos usando las mismas creencias fundamentales para llenar el vacío de nuestra amnesia fundamental.

Hay tanta información velada por nuestras creencias y que no llegamos ni a imaginar, tanto por descubrir en el universo de la mente humana, que seguir tratando de resolver los problemas que nosotros nos autogeneramos empieza a parecer estúpido; respetable, pero estúpido.

Hemos entregado ciegamente el poder a nuestras creencias, quizá sea el momento de recuperarlo.

¿Tú qué crees?

RESPIRA

El autocuestionamiento crea un espacio de respiración y libertad que los establecimientos como las creencias evitan, por si acaso consigues darte cuenta de que estás vivo y que por lo tanto eres pura libertad.

¿Por qué nos tomamos la vida tan en serio? ¿Acaso la vida de la que procedemos es seria? Será que la seriedad también nos la hemos inventado los humanos? ¿Será que hemos hecho de la vida algo serio sin ella serlo originalmente?

Cuán profundo podemos llegar sólo con cuestionarnos esto que acabamos de plantear. Qué simple se vuelve todo cuando lo podemos respirar y sonreír. Y, por favor, no me mal interpretes. No estoy diciendo que tengamos que sonreír ni tampoco que no tengamos que tomarnos la vida seriamente. Sólo digo que es posible que la película sea distinta a como nos la hemos contado.

¿Te imaginas vivir la vida agradecido en lugar de serio? ¿Te imaginas sonreír a esa relación tan dolorosa con aquella persona? ¿Te parece difícil?

Quizá lo difícil es perder la capacidad de sorprendernos y de mirar con los ojos de nuestra esencia sonriente. Sí, como los bebés. Pues bien, lo hemos conseguido. La gran mayoría hemos conseguido desterrar de nuestro consciente la mirada que inspira y se reconoce en la plenitud de todo lo que existe y que cuando espira, emana la belleza más sublime.

Un verano, paseando por el paseo marítimo de la ciudad en la que vivía, me encontré de frente a una mujer de aspecto desesperado con un chupete en la mano que gritaba a alguien que estaba sentado en un cochecito de bebé. «No lo vuelvas a tirar al suelo. Te he dicho que no lo vuelvas a tirar al suelo. ¿Me entiendes?», gritaba la mujer con los ojos color rojo cólera y la arteria carótida completamente hinchada. Después de dar unos pasos más pude darme la vuelta y ver a quien estaba sentado en ese cochecito. Era un bebé de unos tres meses rebosante de alegría que sonreía con una mirada transparente y profunda a esa mujer que, al parecer bajo su mirada, le hacía reír. No había rastro de rechazo por su parte, pura compasión en acción.

Respirar es expandirse. Vivir es expandirse. Ser es la expansión.

Me vienen a la mente esos archivos que, al ser tan grandes, de muchos megabytes, los tenemos que comprimir para que no ocupen mucho espacio del disco duro, o para poder enviarlos por correo electrónico. Nosotros hemos hecho algo similar. Nos hemos comprimido para enviarnos a este lugar llamado vida humana y nos hemos olvidado de descomprimirnos. ¡Qué irónico! Vivimos dentro de una carpeta de archivos comprimidos, aterrorizados de salir de nuestra propia carpeta de compresión. También la llaman personalidad.

Una carpeta de archivos no puede comprimir ni retener un archivo. Una carpeta sólo ofrece un espacio en el que almacenar información, nada más. Así que nosotros somos los que deberíamos activar el comando para la descompresión, pero tenemos miedo de descomprimir y abrir nuestros archivos, porque pensamos que nuestro disco duro no tendrá suficiente capacidad para soportarlo. Por eso comprimimos todo, emociones, ideas, comportamientos, relaciones, recuerdos.

Lo más irónico es que pensamos que nuestro disco duro es nuestro cerebro. La conciencia universal es nuestro disco duro. El cerebro es sólo una carpeta dentro de ella.

Seguramente ya debes saber que los archivos comprimidos no se pueden descomprimir a sí mismos, ya que son el efecto de una decisión anterior a la compresión y por lo tanto ajena a ellos. La información para descomprimir los archivos está fuera de la carpeta de archivos comprimidos.

Hoy en día, aún son muchas las personas que no llegan a realizar su función en la vida porque viven atoradas de emociones almacenadas que esperan su turno para ser sentidas, y aferradas a recuerdos, aplastadas por sus propias creencias. Cualquier movimiento de descompresión que la vida ofrece se vive como una amenaza. Sin embargo, también he visto a muchas personas acceder a su sentido original de vida con sólo un simple cuestionamiento. Un cuestionamiento sincero, que las lleva a hacer frente, por fin, a sus limitaciones e historias contadas una y otra vez, día tras día, con la esperanza en la mente de que algún día algo cambiaría esa historia. He visto cambiar esas historias así como vi cambiar la de Sergi Torres.

Existen vías mentales que nos llevan a la descompresión de nuestro archivo original y a la implementación de sus programas universales.

Programas que no se rigen por ninguna de las leyes a las que estamos habituados. Programas ilimitados y unidos entre sí que no compiten por ser exclusivos, sino que disfrutan de su inclusión.

Así es como veo a los seres humanos, programas universales, originados por la misma fuente, pero que por un momento creyeron en su exclusividad. Esa creencia es el programa de compresión que te limita a vivir dentro de tu propia carpeta y a temer ser borrado, pero que en ningún caso altera el programa original que somos en realidad.

Es muy agotador vivir comprimido. Es doloroso renunciar a nuestra realidad. Por alguna razón misteriosa lo hicimos. Y ahora por alguna otra razón, aún más misteriosa, se nos llama a la descompresión.

Respira.

PERMITE QUE LAS COSAS SE TERMINEN

¿En alguna ocasión de tu vida has sentido el dolor que produce luchar por mantener algo que se termina? Lo llaman luchar por lo que amas, pero en realidad es miedo a perder aquello de lo que crees depender.

Todo lo que en este mundo tiene un inicio, también tiene un final. Es una ley nacida de un contexto donde el tiempo parece marcar el ritmo de la existencia. Ya sabemos que eso en verdad no es así y que el tiempo es sólo una opción que la conciencia elige, pero permítenos entrar un momento en esta ley tan temida e incomprendida por muchas personas.

Hemos visto que existen dos movimientos aparentemente inversos en nuestro mundo. A menudo adoptan muchas formas: expandirse/contraerse, ir/volver, conseguir/perder, pero en realidad son distintas formas de su expresión original, nacer/morir o empezar/terminar.

Nuestro cuerpo mismo es una representación constante de ese movimiento. Algunas estadísticas apuntan que en un adulto mueren unos trescientos millones de células cada minuto y nacen otras tantas. Así que si lo miramos desde esta perspectiva, nuestro cuerpo es un lugar en el que el nacimiento y la muerte coexisten en un equilibrio muy sutil.

Fíjate que imagen más bella. Este equilibrio entre vida y muerte celular de nuestro cuerpo es lo que le permite vivir. Ocurre lo mismo a escala universal. El equilibrio entre la aparición de estrellas, planetas, galaxias, etcétera y su desaparición es lo que mantiene vivo al cuerpo del universo. ¿Por qué no permitir que este ciclo ocurra también a escala de nuestra vida?

Para el cerebro es muy sano permitir que las cosas se terminen. Sabemos que no existe tal cosa como la constancia indefinida dentro de una concepción de la vida regida por el tiempo. Sin embargo, le exigimos constancia a todo porque en el fondo sabemos que el gran final llamado muerte está por llegar en cualquier momento.

Entender la naturaleza cambiante de nuestra realidad y su equilibro debería ser una de las competencias básicas dentro de los programas educativos de nuestras escuelas. Sin embargo, es muy curioso ver cómo se busca enseñar competencias básicas, que en lugar de aportar comprensión, terminan aportando sensaciones de estabilidad en la vida, al conseguir el famoso trabajo fijo con un sueldo que nos permita un bienestar seguro y estable.

Gracias a Dios, la vida me mostró que lo único estable en este mundo es este mismo instante. Me mostró que el presente es pura continuidad porque escapa de las leyes del tiempo. Cuando permites que se termine aquello que estás soportando en tu vida con el fin de mantener vivas sensaciones de estabilidad, curiosamente entonces la paz absoluta te alcanza.

Si lo miramos desde el prisma de las relaciones. Cuántas cosas hacemos para mantener una relación estable. Cuánto tiempo y energía desperdiciamos en el intento de que no termine algo que seguramente se terminó hace tiempo.

El esfuerzo nació del extraño intento de tratar de conseguir que suceda algo que no sucede ahora o del frustrante intento de mantener algo que tememos perder. Cualquier acción que tenga como objetivo mantener, por ejemplo, una relación, va a implicar una incongruencia interna. Esta incongruencia se suele sentir como una renuncia sutil. Poco a poco, sin darnos cuenta, vamos renunciando a pequeñas cosas con la intención de mantener esa relación o un puesto de trabajo. Sin embargo, finalmente llega el momento en que esas pequeñas renuncias se hacen obvias y uno es consciente de que renuncia a su propia felicidad a cambio de enmascarar el miedo a que algo que se desvanece de forma natural termine haciéndolo.

Todo este mecanismo mental, basado en la ignorancia, se termina cuando vuelves la mirada hacia tu presente y descubres que existes. Ahí y sólo ahí puedes reconocer que la existencia es paz y alegría y que nada en verdad puede amenazarlas si tú eliges vivir comprometido con esa mirada honesta y consciente.

Si permites que todo aparezca y desaparezca en tu vida dentro de su orden natural, te unirás a la existencia. Si en cambio vives forzando que nazcan situaciones o luchando para que otras ya nacidas no mueran, vivirás sumido en la desconfianza, la inseguridad y el miedo. Ahí empieza y termina nuestra capacidad de elección. El resto es orquestado desde lugares de nuestra conciencia a los que no se llega sin estar previamente en sintonía con la vida.

YO SÍ QUIERO SENTIRME EN PAZ, PERO ¿CÓMO?

La palabra radical *proviene etimológicamente de la palabra latina* radicalis, *que significa «relativo a la raíz».*

Existe un aspecto de la conciencia que no es nada popular. Se trata de la mentalidad radical, yo la llamo la mente incisiva. Esta mentalidad, o manera de usar la mente, no tiene nada que ver con el significado actual que ha adquirido esta palabra. Dentro del contexto de la conciencia, *radical* no contiene trazas de extremismo ni de intolerancia. *Radical*, como hemos visto, se refiere a la raíz, a la base, al origen, y esto implica claridad y simplicidad. Es una mentalidad que nos lleva de la multiplicidad de las ramas, hojas y demás, al tronco sustentado por la raíz, que es aquello que nutre al resto.

A modo de ejemplo, si te preguntas si eres feliz, la mentalidad radical, antes de responder, irá a mirar si ahora es feliz, y si encuentra que es feliz en un 99% determinará que no lo es. Desde esta mirada no existen términos medios, ni conclusiones, ni justificaciones, ni matices que tanto nos suelen gustar.

El mundo del ego es un mundo de matices. El ego en sí mismo es un matiz de la conciencia absoluta. El amor, en cambio, no tiene matices, ama de forma absoluta eternamente y cualquier forma particular o personal de amar, si es verdadera, contiene la incondicionalidad y la libertad de su origen, el amor absoluto.

La mente incisiva lo primero que aporta es claridad y visión al retirar de la mirada la historia con la que solemos vestir nuestras ideas y nuestros sentimientos. Nos muestra con absoluta claridad si estamos en paz o si por el contrario nos estamos engañando. En el caso de que nos estemos engañando, la mente incisiva no se detiene y sigue su viaje hacia la raíz.

Si tu voluntad es estar en paz, la mentalidad radical primero te mostrará que no lo estás y en segundo lugar te mostrará que no lo estás porque no quieres estarlo. No va a creerse ninguna de tus justificaciones, ya sean en forma de quejas o de excusas sobre por qué no lo estás. No va a dar valor a lo externo, siempre te va a llevar hacia ti, hacia la raíz.

Este punto es crucial porque hasta que no reconocemos que no estamos en paz, pues en lugar de la paz preferimos dar valor a otros aspectos de nuestra vida, no podemos emplear nuestra mente para seguir ahondando.

Ante este nivel de radicalidad u honestidad, la mente dispersa suele reaccionar en oposición. Esto se debe a que ella cree que sí quiere la paz, pero no se da cuenta aún de que esa voluntad no es clara, sino que está distorsionada y condicionada por matices, expectativas y exigencias personales. Un claro ejemplo son los pensamientos del tipo: «Yo sí quiero sentirme en paz, pero no quiero perdonar a mi expareja», o «Yo si estaría en paz si me hubieran dado este trabajo», o «Yo estaré en paz cuando me toque la lotería».

Cuando aparecen estos pensamientos, la mente no habituada a la honestidad deja de lado su más profundo anhelo y empieza a distraerse con dudas acerca de la paz. La más común es preguntar cómo lo consigo. Sin embargo, un bebé cuando empieza a dar sus primeros pasos no se pregunta cómo hacerlo. Igualmente, cuando de pequeños empezamos a dibujar no nos preguntamos cómo. Tampoco cuando nos montamos por primera vez en una bicicleta para aprender a ir en ella nos preguntamos cómo.

La voluntad interna es tan limpia y tan clara que convierte los retos en aventuras. Ahora ya sabemos que las preguntas ¿Cómo puedo ser feliz? ¿Cómo puedo estar en el presente? ¿Cómo puedo dejar de estar en conflicto con esta persona? son en verdad mecanismos de la mente para distraernos y nunca lograr lo que aparentemente está queriendo.

Muchas personas, por ejemplo, quieren estar en paz todo el tiempo y se preguntan durante toda su vida cómo conseguirlo. Esa pregunta no permite ver que la paz no tiene nada que ver con la sensación de paz, sino que se llega a ella sintiendo lo que uno siente ahora mismo y llegando hasta su raíz. Ahí no hay «cómo», ahí hay una decisión. La misma de subirse a la bicicleta. Ahí no hay dificultad, hay pura voluntad que se manifiesta en la acción presente de llevar a cabo lo que quiero.

NO HAY TÉCNICA, NEO

Niño: «No trates de doblar la cuchara. Eso es imposible.
En vez de eso sólo trata de darte cuenta de la verdad»
Neo: «¿Qué verdad?»
Niño: «Que no hay cuchara».

THE MATRIX (1999)

Nada en este mundo es menospreciable. Todo yace sobre un sentido mayor del que nosotros podemos concebir. Nada es bueno o malo ni útil o inútil si lo miramos con una mirada inocente y abierta al descubrimiento. Buscar la técnica que nos saque de nuestra ignorancia o incluso creer haberla encontrado y realizarla no es malo ni inútil. Tampoco lo es tratar de doblar la cuchara. Yo, por ejemplo, me lavo los dientes cada día con una técnica que me sugirió un dentista. «De arriba abajo y de abajo arriba», me decía el buen hombre.

Alguien me preguntó en una ocasión si la meditación es útil para despertar la conciencia. «No lo sé», respondí. La meditación en sí misma no es nada, no existe. Se requiere de un meditador para que la meditación tenga lugar. Cuando el meditador medita la meditación aparece. Lo interesante de la cuestión es que esa meditación nunca llega a ser la que se nos enseñó, sino que es la meditación que nosotros entendimos que se nos enseñaba desde nuestro estado mental de «necesidad de meditación». Es decir, desde nuestra ignorancia.

Al entender la meditación desde la ignorancia, para que ésta tenga sentido vamos a tener que inventarnos un significado personal para dicha meditación. Quizá inventemos una expectativa o una función que nos motive a realizarla, pero ahora sabemos que este sentido inventado se lo damos desde una mentalidad ignorante. Esto que acabamos de ver es muy obvio, pero pasa completamente desapercibido para alguien que en lugar de mirar la meditación mira sus propias expectativas sobre la meditación.

Cuando el meditador se da cuenta de que la meditación sólo existe cuando él medita, descubre que él es la meditación. Ahí es cuando sus significados inventados para que la técnica tenga algún sentido desaparecen. Ese darse cuenta es un aspecto de la realización, pero no viene dado por la meditación, sino por el meditador. «¿Es útil la meditación?», me pregunto. Quién sabe. Algunos pensarán que, gracias a la meditación, el meditador se dio cuenta de que la meditación no existe. Otros se darán cuenta de que si la meditación no existe, nunca existió y no fue ni útil ni inútil en ningún momento.

Este es uno de los lugares de la mente a los que se llega si realmente se desea recordar qué eres. Es un lugar desde el que ves que no existe nada que pueda ser juzgado, apreciado ni despreciado. Te das cuenta de que para que exista algo personal, antes tienes que pensar en ello. Si no lo piensas, no existe. Si no meditas, no hay meditación.

Para que yo pudiera enseñarte una técnica que, por ejemplo, fuera a aportarte paz, primero tendría que dejar de respetar tu momento presente y tendría que menospreciar, también, el «cómo eres ahora» para luego inventarme algo que necesite ser cambiado con el fin de que al cambiarlo termines sintiéndote en paz. Luego, debería inventarme una técnica que te ayudase inicialmente a acabar con lo que me inventé para ser cambiado en ti y que luego te llevara hacia tu presente y tu perfección, que es donde está tu paz. Y encima, yo me colgaría una medalla. «Estás en paz porque yo te he enseñado esta técnica.» me diría a mí mismo, orgulloso de mi técnica. Pero no tiene ningún sentido y es muy cansado hacer todo eso, ¿verdad?

Muchas personas practican y practican técnicas. Técnicas muy válidas y cargadas con sentidos personales. Incluso algunas de estas personas se reúnen alrededor de la práctica de una técnica para generar la sensación de comunidad y sentirse parte de algo.

Con esto no pretendo menospreciar nada, porque sé que todo finalmente cobra un sentido verdadero cuando es llevado a lo más profundo del ser. Ahí es donde después de décadas practicando una técnica, la práctica da fruto y te lleva a descubrir que no hay técnica y que nunca practicaste nada porque todo transcurre en un instante singular llamado presente. Descubres que todo lo que ves es el fruto de una interpretación de tu mente.

Los seres humanos, en cambio, hemos decido vivir a través de la acumulación de experiencias. De esa posibilidad de acumular instantes, aparece también la posibilidad de llegar a creerte ser un maestro, gracias a las horas acumuladas de práctica. La iluminación no llega tras horas y horas de práctica como cuando nos aprendemos las tablas de multiplicar. En realidad nunca llegaremos a iluminarnos, porque ya lo estamos en todo momento. Otra cosa es que en tu ejercicio de honestidad asumas que no percibes tu iluminación y busques una técnica para percibir tu estado mental genuino. Si la técnica y su práctica son honestas, la técnica se estará «destecnificando» a sí misma todo el tiempo.

Si no le permites a la técnica desvanecerse vas a necesitar un instante más para seguir practicando la técnica, un instante distinto a éste en el que por fin aprender una técnica que te enseñe a estar presente en este instante que ya se fue. La técnica siempre llega tarde. El valor de la técnica está en descubrir que no la necesitas, y si bien hay técnicas pensadas con el fin de situarte en el presente, la mayoría están creadas por seres humanos que dependen de que tú practiques su técnica. Y quien dice técnica dice curso, charla o libro. El valor auténtico de todas estas bellas herramientas está en poder transmitir a través de ellas que no te pueden aportar nada que no te esté aportando ya tu presente.

Las prácticas más elevadas y los maestros más elevados apuntan al «no maestro», a la «no técnica». Puede que tengan en tu vida el papel de mostrarte algo, pero te estarán devolviendo constantemente tu responsabilidad y tu poder. Saben que si no lo hacen se estarán atando a su papel de maestro y cualquier maestro despierto conoce el dolor y el sinsentido de hacer eso.

Cuando tú asumes tu responsabilidad y tu poder, entonces te das cuenta de que todo lo que se te está dando ahora mismo en tu vida es tu práctica. Cómo vas vestido, cómo respiras, lo que piensas, lo que sientes, quién te acompaña, todo eso es la práctica que te enseña a ver más allá de tus límites.

Curiosamente solemos preferir practicar una técnica que rechace todo eso que acabo de nombrar, porque sin ella todo nos parece insuficiente. Demasiado simple, pensamos. ¿Dónde está la técnica que lo complique todo un poquito para que así me entretenga y no tenga que hacer frente a mi sufrimiento?

Para llegar a alcanzar algo antes tengo que negar mi plenitud. Y una vez negada mi plenitud y sentirme vacío, voy a buscar una técnica que me lleve a la plenitud. Sin embargo, sentir mi vacío completamente ya es mi experiencia plena, es mi práctica.

Ahora bien, si practicas actualmente una técnica, por favor, sigue practicándola. No atiendas a nada de lo que aquí hemos expuesto, porque gracias a practicarla te expones a descubrir que ya eres pleno ahora.

LA LEY DE LA ATRACCIÓN 2.0

Dentro de una mentalidad universal nada atrae a nada porque todo lo es todo.

Algunas personas se encuentran en medio de un dilema entre dos opciones. La opción de vivir la vida tal y como es, dando la bienvenida a todo cuanto sucede, o la de ponerse manos a la obra para hacer que sucedan las cosas que uno quiere que sucedan. Dentro de esta segunda opción ha aparecido la modalidad de atraer a nuestra vida aquello que queremos atraer. Lo llaman la ley de la atracción: atraes aquello que deseas atraer.

Para atraer cualquier cosa antes tenemos que elegir qué queremos atraer. Es aquí cuando llega lo más interesante. Así pues, ¿a quién escuchamos como asesora a la hora de elegir nuestros objetivos? A nuestra necesidad. Antes de elegir qué queremos atraer hay una elección previa que a menudo pasa desapercibida. La elección de convertir la necesidad en nuestra gran asesora. Al desear atraer en base a la necesidad, lo que terminamos «atrayendo» es más necesidad.

Supongamos que creo necesitar una relación de pareja y empiezo a desearla. Me enfoco y deseo una pareja. La deseo con unas características muy detalladas para que la vida o el universo no se equivoquen en su entrega. Pero no me doy cuenta de que en realidad estoy tratando de alcanzar una necesidad y al no ser consciente de ello creo que la necesidad quedará resuelta cuando alcance la pareja que deseo.

El universo lo que escucha es: «Quiero alcanzar esta necesidad». Y éste responde mostrándote que no necesitas nada porque tú eres conciencia universal y en calidad de conciencia universal no puedes experimentar ninguna necesidad que sea real. Sí puedes imaginarla y por lo tanto convertirla en tan vívida como desees. Pero por más que enfoques tu atención en la necesidad, jamás la harás real. Insisto, sí puedes imaginártela y al hacerlo la verás y, al verla, creerás que existe.

Ahora usemos todo esto de forma honesta y permitámosle a la ley de la atracción convertirse en un autorreconocimiento basado en la plenitud y no en la necesidad. Antes debes saber que intentar manifestar con tu mente tus necesidades no está mal hecho ni es equivocado. Cualquier cosa que hagas, si la haces conscientemente, terminará mostrándote la verdad.

Aquí estamos atendiendo incoherencias, no cosas malas o buenas ni mal hechas o bien hechas. Paradójicamente tampoco me corresponde a mí mostrarte tus incoherencias, esa tarea es tuya. Sí me corresponde permitir que ocurra un contexto suficientemente honesto por mi parte como para que mis incoherencias sean obvias y por lo tanto las tuyas también. No olvides que somos el mismo ser. Ahora sigamos adelante.

Si creo que debo seguir tratando de atraer cosas a mi vida, es interesante que lo haga para así poder des-cubrir mi necesidad. ¿Cómo? Retirando mi atención por un momento de aquello que deseo y situándola en mí. De este modo se empieza a restaurar mi consciencia. Observa que cuando pongo la atención en un objeto a alcanzar, necesito tiempo para que ello se lleve a cabo. Sin embargo, si sitúo la atención en mí, me alcanzo a mí mismo de forma inmediata. Al alcanzarme puedo verme y ahí es cuando se hace obvia la necesidad que antes no veía.

Sólo cuando puedo ver de frente esa necesidad, puedo sentir sus sensaciones y ver que lo que siento en realidad no es necesidad sino vacío. Y sólo cuando miro al vacío y lo siento completamente en mí, puedo sentir sus sensaciones y darme cuenta de que lo que siento es vacío de ego. Ese vacío de ego es la plenitud del ser, la ausencia de necesidad o realización. Una persona realizada pierde el hábito de desear y es ahí cuando nace el hábito de agradecer.

Pocas personas saben que detrás de la soledad, del deseo, de la culpa o de la necesidad hay plenitud, porque pocas personas hacen ese recorrido hacia dentro. La mayoría de las personas usa su mente para tratar de conseguir cubrir esas sensaciones con cosas o personas. De nuevo, hacer eso no es incorrecto, simplemente será coherente o incoherente en función del uso que le des o de cuál sea tu propósito verdadero. Pasas del tener al ser.

Una vez que nos damos cuenta de que somos todo, vemos con claridad que no podemos atraer a nada ni a nadie. Todo emerge ante ti para ser reconocida tu unidad con ello en lugar de para ser tomado.

Cada vez que deseo atraer lo que yo pienso que necesito, estaré confirmando que no soy pleno. Así que en lugar de potenciar el acceso a lo que deseo, estaré deseando seguir sintiéndome escaso y vacío. Esto me va a llevar a no sentirme satisfecho con nada. ¿Te suena? ¿Has conseguido alguna vez aquello que creías necesitar para sentirte pleno y al alcanzarlo ha aparecido otra necesidad mayor que cubrir?

La insatisfacción persistirá hasta que tú no descubras qué hay detrás de tu intención de desear atraer aquello que tú crees que necesitas. Finalmente uno se da cuenta de que detrás de todo deseo personal existe un intento de controlar la vida. Y es curioso que, hasta que no sepamos quiénes somos, no comprenderemos que somos vida y que no existe la necesidad de controlar nada.

La desconfianza ante lo que acabo de expresar es el alimento de las mentalidades que siguen autoconvenciéndose de que algún día, quién sabe cuándo, llegarán a controlar sus vidas y ser felices. Gracias a Dios uno termina cansándose de intentarlo. Sidarta Gautama se cansó, se sentó a ver y vio. Ver le convirtió en Buda.

Si sientes alguna necesidad no huyas, no la cubras, siéntate en ella y mírala. Si la miras la verás y al verla sabrás que no existe. Si huyes de ella o la cubres, huye y cúbrela, porque pronto te cansarás de hacerlo.

EL MISTERIO DE LA MENTE HUMANA

A la mente universal no se le conoce fin.
Así pues, encerrar la tuya dentro de tu cráneo
no tiene sentido.

Todos los minerales de los que se compone nuestro cuerpo proceden de los minerales que contiene nuestro planeta Tierra. El calcio, el hierro, el yodo, el zinc, el sodio, el potasio, el magnesio y otros en menor cantidad como el selenio, el cobre o el oro, por ejemplo, forman parte de nuestro organismo. Estos minerales tienen su origen en las cenizas de las explosiones de antiguas estrellas. Cuando estas cenizas se condensaron formaron nuestro planeta Tierra, del que surgen los minerales de nuestro cuerpo. Podemos decir que el origen de nuestro cuerpo es polvo de estrellas.

Ocurre lo mismo con nuestra conciencia, que proviene de la conciencia universal y que ha tomado forma física al condensarse. Para reconocer nuestra conciencia universal y nuestro cuerpo estelar antes debemos mirar más allá de los límites de nuestro pequeño yo. Para ver más allá de nuestra humanidad debemos aprender a usarla de forma completa. ¿Me acompañas?

Justo en este preciso instante soy consciente de mi mente humana, justo ahora mismo. De nuevo, justo ahora, soy consciente de mi mente humana. Fíjate que las dos oraciones que leíste, las leíste en el presente, pero para que la mente humana lo pueda comprender, se dice a sí misma que una la leyó antes y que la otra la leyó un instante más tarde. Pero en realidad la mente humana sólo existe ahora.

Lo curioso de mi mente humana es que cuando la miro no se deja ver fácilmente. Es como si fuera vergonzosa. Se esconde detrás de sus pensamientos, deseos y miedos. Pero de repente, justo ahora y sólo ahora, soy consciente de mi mente humana.

Pensamientos que emergen con la intención de llamar mi atención apuntan hacia el pasado. Algunos de ellos parecen ser viejos conocidos, como si hiciera mucho tiempo que los pienso, pero si soy honesto, sólo ahora soy consciente de mi mente humana. Esto implica que todo pensamiento tiene su origen en el presente. Justo ahora, mi mente y toda su historia «pasada» aparecen en la conciencia. Justo ahora.

Es para mí un misterio apasionante poder mirar a mi mente humana y ver como si ésta hubiera estado siempre ahí y como si yo fuera ella. Pero ahí está en verdad, como un vacío, tratando de disimularlo con pensamientos y recuerdos que, aunque no tienen utilidad real, ahí están tratando de dar sentido al presente convirtiéndolo en pasado.

La mente humana no puede ser pensada desde el pasado ni desde el futuro. Sin embargo, piensa muchos pensamientos con sensación de pasado y sensación de futuro sólo con la intención de darse a sí misma la sensación de tiempo y de longevidad. Es una forma muy interesante de darse valor dándose tiempo. Sin embargo, es sólo justo ahora que soy consciente de mi mente humana. No la puedo ver antes ni tampoco luego. De nuevo, en referencia a los recuerdos, si te fijas verás que sólo puedes pensar pensamientos que, cuando los piensas ahora, te dan la sensación de que provienen «del antes». Curioso ¿verdad? Los llamamos recuerdos, pero siguen siendo pensamientos del presente y que nos hablan del pasado.

A mi mente humana sólo la puedo ver ahora, pero como puede pensar pensamientos con sensación de pasado, la mente, cuando se ve a ella misma, se cree que su origen está en el pasado y al creerse ese falso origen, se otorga también la conclusión de que tiene un tiempo futuro en el que pensar.

No existe ningún pensamiento que puedas pensar antes o luego. Sólo existen los pensamientos que piensas ahora, aunque tengan insuflados la sensación del antes o del luego. ¿No es fascinante? Es como si la mente se hiciera un «autotruco» de magia en el que ella se engaña a sí misma para asegurarse un tiempo en el que vivir. Sin embargo, es justo ahora que veo a mi mente humana, ni antes ni luego.

Descubrir esto te da acceso a la libertad absoluta, pero cuidado, no luego, ¡ahora! Y aquí, querido amigo, nadie quiere estar, porque aquí todo el conocimiento proveniente del pasado se tambalea y no queda nada en pie. Es por eso que muchos buscan el presente a través de una técnica o una práctica con la que lograrlo, pero no ahora, sino luego.

Aquí y ahora es cuando se escucha el silencio en el que todo ocurre simultáneamente, donde todo es unidad, donde tu conciencia corporal se convierte en estelar y tu conciencia personal en un universo.

EL DON DE SABER RECIBIR

La abundancia humana es un estado mental en el que lo único de lo que se carece es de miedo.

Imagina por un momento que eres como una de esas antenas parabólicas que suelen verse en los balcones y en los tejados de las casas, pero que en lugar de estar sintonizado con un satélite, estuvieras sintonizado con todo el universo. Ahora bien, cuando digo universo no me refiero a un lugar con planetas, asteroides, soles y demás, me refiero a su conciencia. Dentro de la conciencia universal existe un campo infinito de información en el que se encuentra la conciencia de unidad, la conciencia de eternidad y la conciencia de infinito.

Somos seres nacidos de y en un universo-conciencia, eterno e infinito. Si bien nuestra percepción de nuestro origen es muy local, temporal y físico-biológica, eso no tiene por qué confundirnos a la hora de reconocer nuestro origen universal. La conciencia que nos permite ser conscientes de quienes somos en nuestro mundo personal, existe dentro de un vasto campo de inteligencia que nos resulta inalcanzable desde nuestro prisma humano.

Somos seres nacidos de una acción de expansión que este universo realiza. Somos el efecto de una acción de dar y, como tal, nos convertimos en receptores de vida, siendo nosotros a su vez esa vida que se da a sí misma a través de nosotros. Nuestra naturaleza esencial nace de un acto de dar que el universo ejerce y eso nos convierte en receptores de vida universal.

Regresemos un instante a la imagen de la antena parabólica. Observa que, teniendo nosotros la posibilidad de ser conscientes de esa conciencia universal, decidimos en cambio darle «exclusivamente» al botón de nuestro mando a distancia personal que sintoniza con el canal de televisión «yo». La palabra «exclusivamente» implica excluir el resto de posibilidades. Sin embargo, la posibilidad de ver sólo el canal «yo» no impide a la antena seguir con el potencial de recibir cualquier canal universal que, por cierto, nunca dejan de emitir.

La clave entonces está en ser consciente también de la antena en lugar de serlo sólo de la pantalla del televisor. Si descubres la antena, entonces puedes vivir tu canal personal sin olvidar que eso que ocurre ahí en tu pantalla está siendo ofrecido por un universo entero que se reconoce en ti.

Lo más preciado que un ser humano puede llegar a recibir es justamente ese reconocimiento, porque en él está todo. Nuestro enfoque mental de hoy en día sufre de amnesia. Nos percibimos como si fuéramos seres aislados y cuando uno se cree esa percepción olvida, sin darse cuenta, su integridad y pasa a comportarse como si la hubiera perdido en lugar de simplemente olvidado. Cuando eso sucede uno viaja desde el universo del recibir hasta el mundo del necesitar. Una vez que hemos aterrizado en ese mundo de la necesidad aparece la exigencia que proyectamos hacia el llamado mundo exterior. Y de dicha exigencia, en breve, pasamos a la dependencia.

Sentimos necesidad y nos deshacemos de ella proyectándola hacia fuera y, una vez proyectada, pasamos a depender de la proyección para cubrir esa necesidad. ¿No es interesante? ¿Qué puede ser más loco? Vale la pena verlo de nuevo.

Al perder de vista el universo dador de vida, pensamos que nosotros existimos por nuestra cuenta y que tenemos que ganarnos el pan de cada día. Esto nos lleva a necesitar cosas, personas, situaciones, reconocimiento, emociones, sexo, bienestar, por nombrar algunas. Esta necesidad nos lleva a exigir a esas mismas cosas citadas que nos den aquello que nosotros queremos recibir de ellas. Y, finalmente, esta exigencia se torna por sí misma en dependencia de todas estas cosas. Si observas verás que es un proceso de degeneración del punto de origen de unidad (plenitud/realización) al punto final de dependencia de aquellas cosas que nosotros queremos que nos hagan sentir plenos y realizados.

Así que el don de saber recibir no es lo que se desarrolla en un curso de prosperidad con el cual conseguir materializar tus necesidades como el trabajo o la pareja espiritual tan a menudo anhelada. Este don es más bien una característica inherente en todos nosotros, fruto del reconocimiento de nuestra naturaleza íntegra y completa por el hecho de ser conciencia.

Una vez descubierta la fuente de la abundancia, el resto se te da por añadidura, porque es añadidura. Esto último significa que tienes tu trabajo y tu nueva pareja, pero sin la cantidad de sufrimiento previamente «contratado» por creer que dependías de ellos. Si observas verás que el grado de sufrimiento previo a tener lo que conseguiste después del curso de prosperidad es el mismo que el de después de haberlo conseguido y tratar, ahora, de no perderlo.

La verdadera abundancia no depende ni de aquello que se manifiesta en tu vida ni de las circunstancias en las que se manifiesta, depende sólo de su fuente. Tú tienes el don de recibir esa abundancia porque ésa es tu identidad. No es algo que se te añade para que puedas perderlo luego. Es un estado de la mente que es consciente de su origen y por ende de su plenitud.

Una mentalidad íntegra sabe al leer estas palabras que aquí no estamos menospreciando ninguna manera concreta de alcanzar la prosperidad, ni nada que tú consideres que te hace próspero en tu vida. Estamos invitando a mirar desde una perspectiva de la abundancia que incluye todo lo que vives en tu cotidianidad y que a su vez mira más allá de la necesidad. Esta es una mirada que te lleva del miedo a perder, por ejemplo, un trabajo o una relación de pareja, por creer que los necesitas, a la alegría del momento presente en el que la abundancia se revela a través de tu presencia libre de necesidades.

La abundancia humana es un estado mental en el que lo único de lo que se carece es de miedo. Desde este enfoque universal de la mente, al no contener miedo, uno no siente la necesidad, la exigencia ni la dependencia ante nada ni nadie. No perteneces a nadie ni nadie te pertenece a ti. Eres libre y das libertad.

Es imposible dar lo que no se tiene y es imposible tenerlo si no lo das. Ésta es otra de las grandes paradojas que los seres humanos deben resolver poniéndolas en práctica, en lugar de conceptualizarlas. La plenitud no es un concepto, es un hecho.

A más abierto a dar, más abierto a recibir, a más abierto a recibir, más abierto a dar, porque en realidad dar y recibir son la misma cosa. Desde el prisma de la conciencia de unidad, dar y recibir son dos formas distintas del mismo gesto de extensión. Es por esta razón que cuando amamos a alguien, los primeros en recibir y sentir ese amor somos nosotros, al igual que cuando sentimos celos por alguien, los primeros en recibir y sentir esos celos somos de nuevo nosotros mismos.

El movimiento feliz siempre es extensión. Recibes de la fuente como gesto de extensión de ésta y das como gesto de extensión también de la fuente a través de ti. Es como si fueras una presa construida en un río que recibe el agua de su fuente y la da de la misma manera en que la recibe. Recibir y dar ese agua son un movimiento natural de expansión de la fuente de ese agua.

El reto ahora es no convertirse en un obstáculo dentro de ese flujo infinito y eterno de consciencia feliz.

COMUNICANDO CON LOS DEMÁS: UNO, DOS, PROBANDO, PROBANDO

La sensación más sorprendente que he sentido dentro de ese estado de la mente llamado «soy una persona» es la del aislamiento del resto del universo.

¿Has vivido alguna vez la necesidad de ser comprendido por otra persona? Yo sí. Además, buscaba ser comprendido de tal manera que lo que yo dijese quería que fuese recibido por la otra persona exactamente como yo lo dijese.

Eso implicaba que para ser totalmente comprendido, quien me escuchaba debía sentir las mismas sensaciones y la misma emoción que yo sentía al expresarme. Eso implicaba, también, que mientras me explicaba tenía que procurar detonar esos sentimientos y emociones en la persona que escuchaba para conseguir ser escuchado como yo quería ser escuchado. ¡Una gran hazaña!

Después de décadas de especialización en el arte de ser escuchado terminé descubriendo que hacer todo eso no tiene ningún sentido. De hecho nunca lo tuvo. Entiendo ahora que dicho intento, exigido al otro y perpetuado durante un tiempo, haga, por ejemplo, que personas que creían amarse mucho terminen sentadas en el banco de un juzgado compitiendo por la custodia de sus hijos a modo de *vendetta* mutua. De hecho estuvieron compitiendo por ser escuchadas la gran parte del tiempo que pasaron juntas.

Desde muy joven, de algún modo, siempre me ha sorprendido la incapacidad de comunicarme plenamente con los demás. Llegué a llorar por ser comprendido completamente por otra persona. Nunca lo logré. Siempre tuve una sensación interna de algo inconcluso, de algo no comunicado del todo.

Recuerdo cómo esa situación se daba a menudo en mis relaciones. En ellas, tarde o temprano llegaba el momento en el que la necesidad de ser comprendido tomaba el protagonismo de la relación. Llegué a sentirme profundamente frustrado, decepcionado y triste por no conseguir encontrar a nadie con la capacidad para escucharme. Eso sí, sin darme cuenta de que yo era la causa de esa incomprensión. No veía que, mientras yo escondiese alguna cosa en mí, la comunicación no podría ser plena porque no le permitiría a los demás llegar totalmente a mi corazón, cosa que hacía para no ser totalmente visto y seguir escondiendo mis sombras personales.

Cuando descubrí que carecía de una buena comunicación conmigo mismo, pude reconocer por qué exigía a los demás esa comprensión.

Hoy en día el hábito de querer ser escuchado por otro ha quedado desdibujado por una autoescucha amable conmigo mismo. Esta autoescucha se traduce en autoatención, autorrespeto y autoestima.

De esta comunicación con uno mismo nace la comunicación con todo lo demás. La mente no entiende de fronteras ni de límites. Todo aquello de lo que eres consciente forma parte de ti. Por esta razón cuando te abres completamente a ti, te abres a todos y a todo.

Mientras esa conexión con uno mismo no se despierte y se cuide, las palabras y los gestos, por muy sutiles, elevados o contundentes que pretendan ser, no van más allá de tu propia mente. Por eso una de las mayores frustraciones del ser humano hoy en día es no poder encontrar su plenitud en el otro. Sin ser conscientes de ello nos comunicamos todo el tiempo con nuestras propias ideas, con nuestra versión de los hechos. Y como cada uno tiene las suyas no es de extrañar, entonces, que terminemos defendiendo nuestra perspectiva de las cosas e intentando convencer al otro para que entre en nuestro contexto mental y ser comprendidos. Comprender es unirse, pero no puedo ver que todo está unido ya de antemano en su origen si no estoy antes unido e integro en mí mismo.

Cuando la importancia personal desaparece vuelve la comunicación con el universo y, entonces, la comunicación tal y como la entendemos desaparece también. No queda nada que comunicar ni nadie a quien comunicar. Comunicar, de hecho, significa unidad. Comunicador, comunicado y receptor son uno los tres. Comprender significa ser. Si creo comprender pero no soy consciente de que soy aquello comprendido, entonces no comprendí nada en absoluto. Sólo estaré inventando el pensamiento «ya he comprendido», pero nada más.

Pensar que he comprendido no es comprender, sólo es pensar que he comprendido. Sería algo así como si yo fuese un físico cuántico e impartiera conferencias en universidades sobre la mecánica cuántica, explicando que el observador crea aquello que observa, y luego no asumiera la responsabilidad de una situación de mi vida como, por ejemplo, que alguien me hubiera estafado diez mil euros.

Necesitamos creer que comprendemos las cosas en lugar de comprenderlas realmente, porque comprenderlas significa ser y ser produce la desaparición de nuestra tan atesorada importancia personal. Cuando descubrimos esta farsa, nuestro mundo aislado y nuestro «yo» se abren y recuerdas que estás siendo pensado por la conciencia universal. La comunicación se restablece y desaparece la percepción separada. Ya no hay nada ni nadie, sólo amor.

LA MOTIVACIÓN Y EL BATIDO DE FRUTAS ÁCIDAS

Preferimos luchar por aprender a motivarnos que sentir lo que sentimos ahora mismo y aprender de ello.

Ésta es una receta cualquiera de un batido rico en vitamina C a base de cítricos que encontré en internet. Se toma el zumo de una naranja, una lima y una manzana verde junto a un litro de agua, una cucharada de copos de avena y una taza de col rizada. Se bate la mezcla y se sirve en un vaso. El resultado es un batido de sabor ácido.

Personalmente, los sabores ácidos no le resultan agradables a mi paladar. Por suerte la receta incluye la posibilidad de añadir miel al gusto del consumidor. Si yo le añado la miel en base a mi gusto, es muy posible que el batido pase a tener un sabor dulce. Y aquí empieza lo interesante.

Mi batido con sabor dulce contiene el mismo sabor ácido que el batido original. El sabor ácido está ahí, porque el batido contiene los mismos ingredientes ácidos, pero no se percibe porque la miel lo enmascara. Así pues, la miel es una forma de engañar a mi paladar.

La función de la miel en mi batido es la de cubrir algo que no me gusta, y ésta es la misma función que le pedimos a la motivación. Añadimos cucharadas de motivación a nuestros estados de ánimo y las usamos para cubrir un hueco interno de amarga insatisfacción que no nos gusta saborear.

Si creemos que ha desaparecido aquello que hemos dejado de sentir por sentirnos ahora motivados, corremos el riesgo de depender de la motivación. No ha desaparecido. Sigue ahí, esperando ser atendido cuando la niebla de la motivación desaparezca y pueda verse la realidad de lo que escondemos.

Saber esto puede ser interesante a la hora de no necesitar nada que disimule aquello que sentimos a tiempo real y que en verdad está siendo sentido para que pueda ser transformado en pureza. Los sabores originales son puros y esenciales. Te gustarán o no, pero son auténticos. Esta autenticidad nos recuerda la autenticidad de nuestra existencia. Nos devuelve a la cordura de la experiencia de vida sin miedo a sentir según qué cosas y nos devuelve a la alegría de la infancia de poder abrirnos a investigar todo cuanto sucede en nuestra preciada vida.

La vida siempre es fruto de la receta original. Somos nosotros los que vamos detrás de las personas, de las situaciones y de las cosas, tratando de agregarles un poquito de esa sustancia que tanto nos gusta para que sepan mejor. Y sí, es posible que sepan mejor bajo nuestro punto de vista, pero al final termina siendo insatisfactorio, porque ese sabor no es el auténtico.

¿A lo largo de tu vida cuántos momentos trataste de edulcorar? ¿Cuánta miel tuviste que inventar para edulcorar instantes, relaciones, decepciones y anhelos no alcanzados sin preguntarte antes qué sabor tenía aquella situación o qué sabor tenía tal persona o emoción?

No estoy diciendo que la motivación sea mala; no es mala la miel. De nuevo nada es bueno ni malo por sí mismo. Sí es posible que la motivación deje de tener sentido si la usamos con el fin de dejar de sentirnos. En ese caso la dulce motivación o se va a agriar pronto o va a requerir grandes cantidades de miel para poder mantenerla viva.

¿Cuál es el coste final de nuestra caprichosa selección emocional?

EL SUICIDIO Y EL ACELERADOR DE PARTÍCULAS PERSONALIZADO

El sufrimiento me ha mostrado que el único camino verdadero es el amor. No porque sea el mejor camino o porque otros sean malos, sino porque es el único con sentido propio.

En alguna ocasión hemos recibido algún correo de alguna persona que expresaba su deseo de quitarse la vida. Entiendo que es uno de esos momentos en la vida al que uno nunca quiere llegar, pero cuanto más uno intenta salir, más se mete. Igual que las tierras movedizas. Es el momento en la vida de una persona en el que la más profunda soledad, la confusión y el dolor se hacen tan y tan obvios que parecen ser insoportables. No se ve salida en esos momentos aparte de la muerte, porque se piensa que la muerte pone fin a la vida. Curiosamente la muerte no pone fin a nada, porque nuestra vida no viene determinada por nuestro cuerpo, sino por nuestra conciencia. Así que la muerte no es la salida. ¿Dónde está la salida?

Una persona que desea quitarse la vida cree haber recorrido todas las posibles maneras de salir de su pozo particular, pero no es así. Aún quedan más vías, pero no se ven debido a la confusión. En momentos de confusión, no tiene ningún sentido preguntarle a la confusión qué elección debemos tomar, y eso es lo que solemos hacer cuando estamos confundidos, preguntarle a la confusión dónde está la salida.

En muchas ocasiones parece que la vida nos viene grande, pero en realidad somos nosotros mismos que nos vemos pequeños y limitados, ceñidos a una realidad incuestionable que hace el efecto de jaula. De nuevo la manera que tenemos de vernos es muy poco atinada y, a menudo, lamentable.

Me gusta tumbarme boca arriba y ver las nubes. Hay días de viento en que se mueven a tal velocidad que cambian constantemente de forma. Otros días, en cambio, se levantan majestuosas, suspendidas en el cielo y aparentemente inmóviles. Algunas consiguen oscurecer el cielo entero.

Gozamos de la libertad de ver las cosas a nuestro antojo y eso conlleva poder elegir ver nuestra vida desde una perspectiva oscurecida por una nube. Puede, incluso, que parezca que esa nube está ahí inmóvil ensombreciendo tus sentimientos, pero no es cierto.

Muchas personas, en nuestra época actual, olvidan haber tomado la decisión de estar justo donde están, olvidan que no hubo suerte ninguna, ni de la buena ni de la mala. Y la salida verdadera está justo en ese reconocimiento. Estas personas en realidad no quieren quitarse la vida, lo que quieren es quitarse la muerte, porque sin darse cuenta, a lo largo de la vida, decisión tras decisión, han elegido no vivir lo que sucedía en ella, acumulando así muerte. No nos libramos de esta muerte acumulada muriendo, sino al contrario, viviendo. Decidimos bajarnos de la bicicleta antes de volver a caernos, olvidando que lo que más ilusión nos hacía era ir en bicicleta.

Parece que caída tras caída éstas han nublado las ganas de vivir, pero solamente lo parece. En realidad, no querer vivir es sólo una decisión temerosa que trata de huir del miedo. Recuerdo un par de ocasiones en las que quise bajarme de la bicicleta. Ahora puedo ver esos instantes sin engañarme. No fueron situaciones duras, fueron momentos en los que no quise afrontar mi experiencia de vida. Fueron ocasiones donde tomé la decisión de creerme mi miedo y permitirle a él tomar decisiones por mí. Pensamos que las decisiones basadas en el miedo son las que más seguridad nos aportarán, y nada más lejos de la realidad. Más bien sucede lo contrario.

El problema no es que todo parezca muy oscuro. Hay muchos momentos de oscuridad en la vida de cualquier persona. El problema aparece cuando, dejándonos asesorar por el miedo, decidimos romper la comunicación con nosotros mismos para así dejar de sentir y terminar no haciéndonos cargo de lo que implica existir. Ahí se rompe la comunicación con la vida, con el universo, con el amor en mayúsculas. Eso es estar muerto en vida. De ahí que si la salida fuera la muerte, ya seríamos completamente felices, porque la mayoría vivimos completamente muertos.

La salida que busca quien quiere vivir en paz consiste en restablecer la comunicación con uno mismo. Este restablecimiento en realidad consiste en reparar la conexión con la parte más esencial y básica. Sin esta comunicación nada sirve. Lo máximo a lo que uno puede llegar sin antes reparar esta comunicación es a anestesiar totalmente el dolor que genera la pérdida, por parte del cerebro, de la señal que emite el corazón. En esas condiciones el sentido de la vida se pierde de vista. Luego decidimos no ser niños y oscurecemos la inocencia y la transparencia. La intensidad pasa de ser la fuente de vida a ser un fantasma temido.

He sido testigo de cómo la mente busca ofrecer todas las razones posibles para creer que el problema no está en su causa, sino en sus efectos. Es decir, que creemos que nosotros no somos la causa de nuestras situaciones de vida y éstas, en cambio, sí son la causa de cómo nosotros nos sentimos. Ésta es una manera de mantenernos distraídos para no asumir la causa de todo sufrimiento. La causa es la desconexión de la mente de su conciencia primordial, y los efectos ya los conocemos.

El sufrimiento me ha mostrado que el único camino verdadero es el amor. No porque sea el mejor camino o porque otros sean malos, sino porque es el único con sentido propio. El amor es nuestro sentido primordial, es nuestra causa. Sin embargo, terminamos llegando al momento de desear la muerte, debido a la completa desconexión con esa realidad llamada amor.

Una vez más, permíteme recordarte que el amor no es una sensación romántica ni algo bueno. El amor es el gran misterio de nuestros tiempos actuales. Y debo decir que a menudo siento la sorpresa de ver a científicos investigando en un acelerador de partículas el bosón de Higgs, o la también llamada partícula divina, sin investigar dentro de sí mismos el gran misterio de la vida.

Obviamente, si la partícula de Dios existe se encuentra dentro de cualquier parte de la existencia y eso nos incluye a nosotros. Pero, curiosamente, cuando la vida se convierte en nuestro acelerador personal, la gran mayoría de las personas pulsa el botón «abortar el experimento», no sea que con tanta aceleración me desparrame por completo y de mí sólo quede la partícula de Dios.

No todo el mundo está dispuesto aún a vivir sin miedo. Teniendo en cuenta que el miedo es el origen del sufrimiento, no todo el mundo está aún dispuesto a vivir despojado del sufrimiento. Despojarse del sufrimiento y del miedo es nuestra tarea actual. Es una tarea pendiente de ser resuelta para poder ver con claridad nuestra verdadera función de vida. Sin terminar esta tarea uno no puede ver su felicidad ni su capacidad de amar, debido a esta simple contradicción entre dos ideas que comparten la misma cabeza: quiero dejar de sufrir y me da miedo dejar de sufrir.

Sentimos miedo a dejar de sufrir porque conocemos perfectamente cómo es una vida con sufrimiento, pero desconocemos por completo cómo es una vida sin él. La vida sin sufrimiento nos es totalmente desconocida y del miedo a lo desconocido surge nuestro miedo a no sufrir.

Lo interesante es que el conflicto entre esas dos ideas, «quiero dejar de sufrir» y «me da miedo dejar de sufrir», no es visible en un primer momento, ya que a pesar de que ocurre en la misma cabeza lo hace en dos niveles distintos. Nosotros somos muy conscientes de uno de ellos, el más superficial. En ese nivel superficial es en el que gritamos desesperadamente «¡quiero dejar de sufrir!» En el más profundo, en cambio, susurramos temerosamente «no quiero despojarme del sufrimiento».

Como nuestro inconsciente es mucho mayor que nuestro consciente, los susurros inconscientes son mucho más poderosos que los gritos conscientes. Por eso nuestros deseos, miedos y creencias inconscientes gobiernan nuestra vida ante los deseos del consciente. De ahí que desees ser feliz conscientemente y no suceda, o desees conscientemente perdonar a alguien y no tenga lugar dicho perdón, o bien desees con todas tus fuerzas un Ferrari y en cambio tengas que volver a llevar a reparar tu viejo coche al mecánico.

En esto radica la importancia de asumir el consciente hasta lo más profundo del inconsciente, lugar en el que estamos decidiendo temer en lugar de amar; lugar también en el que se encuentra la salida a la gran realización del ser humano, el despertar de nuestra ignorancia.

ASUMIR EL PASADO

Almacenamos el dolor en nuestros recuerdos cuando no nos atrevemos a vivir nuestro presente.

Hubo una época de mi vida en la que creí que el tiempo lo curaba todo y que cuando el tiempo pasaba se llevaba a personas, situaciones y partes de mí. Era un tiempo en el que creía que las cosas debían dejarse atrás para superarlas. Pero algo me demostró que estaba equivocado. Había situaciones que se repetían y se repetían como si fuesen el efecto de una especie de hechizo. Si bien es cierto que muchas veces se repetían de formas distintas, en contextos y personas diferentes, en verdad siempre eran un eco de la misma situación. Nada quedaba atrás, en realidad todo volvía a mí sin yo saber por qué.

Cuando vi que el tiempo no es como lo percibimos en la actualidad y que en lugar de ser lineal es esférico, me di cuenta de que nada puede quedar atrás, nada queda superado por la gracia del tiempo. Por un lado no puedes deshacerte de un instante aunque sea pasado y, por el otro, el tiempo en verdad no afecta a la conciencia en ningún modo.

Cuando conoces la forma esférica del tiempo sabes que todos los instantes suceden simultáneamente. Eso significa que en realidad no importa en qué instante estés porque todos tienen el mismo valor. Su valor es que todos ellos giran alrededor del presente. Si bien es cierto que todos los instantes de tu vida tienen el mismo valor, éste en el que estás leyendo estas palabras tiene la particularidad de ser tu instante presente.

Como todos los instantes giran alrededor del presente, esto convierte a este mismo instante en la puerta de acceso a todos los instantes pasados y futuros. Andar a través del tiempo con esta consciencia despierta nos permite sabernos íntegros y plenos en cualquier instante, ya sea vivido o por vivir. Presente es sinónimo de plenitud.

Cuando la mente tiene dormida esta perspectiva esférica del tiempo, pensamos que los momentos están separados los unos de los otros y que lo que sucedió hace dos años no tiene nada que ver con este instante y aún menos con lo que vas a decidir respecto a tu relación de pareja dentro de tres años, dos meses y trece días.

La experiencia que tuvimos con nuestro primer amor está contenida en todas las demás a pesar de lo que percibimos y de lo que pensamos al respecto. Lo que ocurre, y esto es muy significativo, es que al no percibir los instantes como uno mismo, pensamos que si dejamos uno de ellos en el pasado, éste no nos afectará. A esto la mayoría de personas lo llaman equivocadamente superar las situaciones de la vida. «Tienes que seguir adelante y superar esto», solemos decir.

En realidad, lo que hacemos es acumular en nuestra mente momentos no íntegros o también no integrados. Y cuantos más momentos no íntegros coleccionamos, menos percibimos el recuerdo de la eternidad que se esconde detrás de nuestros recuerdos personales.

Para poder almacenar recuerdos separados tenemos que recubrirlos de miedo. De lo contrario, los recuerdos se restaurarían de forma natural siguiendo el patrón de unidad del universo y se unirían entre sí. De este modo, nuestra conciencia reconocería que todos los instantes vividos y por vivir son el mismo instante, pero vestido con distinta decoración y distintos personajes. La forma de recubrir los recuerdos con miedo es no queriendo vivirlos cuando están presentes.

En una ocasión conocí a una persona que sólo tenía recuerdos a partir de los doce años de vida. Me dijo que quería recordar, pero era obvio que en realidad no quería, porque no recordaba. Si quisiera recordar, recordaría. Tras oírle mencionar varias veces que sí quería recordar pero que no lo hacía porque no podía, le pregunté por qué no quería recordar. Desconcertada ante mi pregunta, esta persona me respondió: «Quizá no me has entendido. Yo sí quiero recordar, pero no puedo». «¿Por qué no quieres recordar?», le pregunté una vez más. Entonces se detuvo y dejó de contestarme. Tras unos segundos de silencio, suspiró y respondió: «Por miedo a lo que escondo en esos recuerdos».

Una vez que él logró ser honesto y asumir el instante presente en el que se encontraba hablando conmigo, dejó de esperar a que yo sacudiera mi varita mágica para hacerle recordar algo que en verdad no quería recordar. Cuando él asumió su responsabilidad, asumió también su poder y pudo ver que sí podía recordar pero que sentía miedo de hacerlo.

Cuando se alcanza este nivel de honestidad, se inicia un proceso natural de restauración mental. La mente siempre tiende a la armonía, pero antes uno debe asumir la claridad con la que la mente íntegra muestra las cosas.

Los recuerdos de esta persona empezaron a regresar dulcemente a la conciencia. Imágenes de abusos de su hermano mayor ocupaban ahora su presente. Por fin estaba en disposición de asumir lo ocurrido. Por fin estaba recuperando una parte de su conciencia, la cual había desterrado por el dolor que contenía. Por fin podía devolver a la vida esa parte de sí mismo, temida durante tantos años, y que sin darse cuenta estaba marcando cada paso que daba en la vida. Sintió un profundo alivio y pudo mirar a su hermano con toda su compasión y comprensión. Su herida oculta se había curado y el miedo le devolvió su lugar al amor.

Cualquier momento de conflicto en el presente está vinculado a un momento del pasado que no quisimos vivir o a uno futuro que no queremos repetir. Este vínculo con el presente hace que ese instante del pasado se refleje como un espejo al otro lado del presente, es decir, el futuro. De este modo, desde el presente recreamos el pasado en el futuro. Así construimos nuestros patrones mentales que marcan nuestra vida circular, repetitiva.

¿Cómo asumir el pasado? Muy simple, asumiendo el instante presente. Recuerda que todos los instantes están vinculados entre sí. Con que asumas uno completamente, los asumes todos. En el caso de que sea necesario asumir un recuerdo, no te preocupes porque aflorará en el instante presente a tu conciencia y de forma natural sin que tú tengas que hacer nada.

Cuando aprendemos a asumir el presente, el pasado y el futuro colapsan y todo se vuelve eterno presente. Esto para el ego significa su desaparición, porque depende de un pasado para poder proyectarse desde el presente hacia el futuro. El ego ve al presente con desconfianza porque significa su muerte. Sin embargo, en lo más profundo de nuestra alma, anhelamos el colapso de todos los recuerdos y de todos los deseos. Este colapso es la iluminación. En ella amanece el recuerdo de la luz de nuestro ser que vive sólo en el presente eterno.

Debes saber que el primer recuerdo que escondes en tu mente es el del momento en el que tú decidiste desvincularte de esta conciencia universal iluminada, con la intención de dejar de ser todo para poder ser sólo tú. En ese recuerdo se esconden el dolor y el miedo más intensos que puedas llegar a imaginar.

Si fueras consciente del amor, la belleza y la paz que hay detrás de ese pánico y de ese dolor, te dispondrías a asumir completamente este instante presente en el que estás ahora. Gracias a Dios siempre estás en el presente para poder tomar esa decisión.

LUCIÉRNAGAS EN LA OSCURIDAD

Las luciérnagas siempre terminan apareciendo, pero sólo las verás si abres los ojos en medio de la oscuridad.

Descendamos a las catacumbas de nuestra conciencia, en las que apenas nadie se atreve a entrar. Un lugar sombrío y a menudo completamente oscuro. En él toda luz de alegría, agradecimiento, paz y amor se convierten en tristeza, queja, angustia, en definitiva, miedo. Estos últimos son esos primeros nombrados, pero vistos sin la luz de tu conciencia, que se encuentra nublada por tus ideas, creencias y recuerdos.

Si te encuentras en un instante «catacumbas» recuerda esto: lo que estás viviendo ahora es como es ahora. No se supone que en este instante deba ser de otra forma. Recuerda que sea lo que sea lo que estés viviendo está poniendo de manifiesto tu miedo, y el miedo es el «elemento» más distorsionador de la realidad, que existe en todo el universo. La desorientación que todos los seres humanos compartimos y solemos esconder emerge como un volcán imparable. Sin embargo, ninguna de las temibles aseveraciones que hace tu mente en este estado sirven para nada.

Sabiendo esto, lancémonos a sentir esto que sentimos y a vivir esto que vivimos ahora, simplemente porque está ocurriendo. Todo esfuerzo por rechazar lo que sientes y cambiar lo que ocurre va a doler, porque es justo en estos instantes en los que es más obvia la necesidad de mirar a la vida de frente en lugar de huir de ella.

La solución que buscas para evitar la situación presente va a generar dolor tarde o temprano, porque va a requerir mucho esfuerzo para poder oponerte a tu presente. Negar el único instante en el que existes es doloroso y no ayuda ante un momento de profunda revisión personal como lo es el momento «catacumbas». Es en estos instantes en los que lo oscuro se hace obvio y en los que también se abre la posibilidad de iluminarlo y de no esconderlo de nuevo dentro de las catacumbas, como tan acostumbrados estamos a hacer.

Ahora busquemos claridad. Observa que tu vida está reclamando toda tu atención hacia aquello que debe ser atendido por ti. En otras palabras, está señalando con toda su intención donde se requiere tu atención. Es muy lógico entonces que se venga abajo todo aquello en lo que tú podrías dispersar dicha atención.

Es muy natural que, al requerir una profunda mirada hacia dentro, tu vida se agite. Puede que pierdas tu trabajo o que tu relación de pareja se rompa, o bien que entres en crisis global con todo lo que te rodea. Y con esto no digo que es así como sucede, yo no sé como sucede para ti, nadie lo sabe. Pero sea como sea, va a ser natural y evidente.

Si pudiéramos ver el amor que hay detrás de esa poderosa llamada a atendernos y mirarnos sin castigarnos, sonreiríamos y seguiríamos felizmente las directrices naturales de la vida: abrirse a soltar lo que se va, abrirse a recibir lo que viene. Muchas emociones, recuerdos e ideas viven atrapados en nuestras redes de neuronas esperando ser liberadas. Muchas neuronas esperan alcanzar nuevas ideas brillantes, en lugar de seguir dentro de un repetitivo patrón infructuoso.

Un árbol de hoja caduca se sirve del viento para que agite sus ramas y así desprenderse de las hojas que ya no sirven. Por el contrario, muchas personas temen según qué zarandeos de la vida porque están tan congestionadas emocional y mentalmente que creen que no están preparadas para dicha agitación. Así que nos toca antes atender a esa congestión y aprender a asumir las situaciones caducadas. Cuando una de ellas se vuelve altamente corrosiva, la vida se detiene y nos alumbra como una linterna, con una serie de situaciones a través de las que podamos ver, de forma muy clara, que algo huele mal y por lo tanto algo puede que haya caducado.

Todos sabemos qué situaciones han prescrito en nuestra vida. Pero preferimos revivirlas e incluso, en ocasiones, aferrarnos a ellas con las uñas, por miedo a la sensación de desposesión que nos brinda la verdadera libertad. Algunas de ellas huelen mal y aun así nos hacemos los anósmicos. Sin el hedor no podríamos localizar en qué rincón de la nevera está el producto caducado y no lo podríamos retirar. Imagínate si cada vez que abrieras la nevera y olieses la pestilencia la rechazaras cerrándola para así no olerla. ¿Te imaginas la intensidad de las próximas aperturas de puerta?

Todo termina siendo una guía ante nuestra ceguera, pero uno antes tiene que perderle el respeto al miedo y a la inseguridad para poder entrar en la oscuridad y descubrir todo esto que acabamos de exponer. Las luciérnagas siempre terminan apareciendo, pero sólo las verás si abres los ojos en medio de la oscuridad.

Se requiere de una puesta de sol para poder disfrutar de los miles de estrellas que se perciben a simple vista en una noche despejada y que la luz del sol antes ocultaba. Si estás viviendo un «momento ocaso» no temas, despídete del Sol y disponte a ver la belleza que se acerca. Si en cambio estás en un «momento oscuridad», abre los ojos.

SI SIENTES MIEDO, HAZLO CONSCIENTEMENTE

Sé honesto y siente miedo cuando lo sientas, pero hazlo conscientemente porque de ese modo aprenderás a sentirlo y no te gobernará más.

No tenemos motivos por los cuales sentir miedo. Sin embargo, hemos diseñado nuestro cerebro para que nos proteja. Al hacer esto, su obsesión fundamental se ha convertido en encontrar esos motivos por los cuales pudiera sentirse amenazado para así poder dar una respuesta lo más rápido posible. Hasta ahí todo bien, es natural.

El problema viene cuando este proceso básico, que debe llevarse a cabo dentro del área reptiliana de nuestro cerebro, la más vieja y elemental, llega a regir áreas más modernas y sofisticadas, como el área límbica (emocional) y el neocórtex (raciocinio). Cuando esto sucede, empezamos a sentir miedo por sentir ciertas emociones que también forman parte de procesos naturales ante la vida, como la tristeza, la decepción, la ira o el propio miedo.

Entonces, los procesos mentales empiezan a establecer un circuito que trata de evitar dichos sentimientos y emociones con la intención de protegernos de ellas. La manera de protegernos es buscando la forma de huir de ello o de atacarlo, nunca de enfrentarlo y vivirlo, porque el miedo básico, procesado por el cerebro reptiliano, se basaba en la supervivencia como la estrategia más eficiente.

No detenernos en medio de este proceso de miedo-huida o de miedo-ataque nos lleva a habituarnos a él y ya no nos permitirnos el lujo de descubrir qué existe detrás del miedo. Recuerda que aquí ya no hablamos del miedo a perder la vida. Aquí hablamos del miedo a sentir una emoción o miedo a que suceda algo que todavía no está sucediendo, como por ejemplo llegar a perder un trabajo.

Este tipo de funcionamiento desemboca en un tipo de comportamiento que genera dolor, ya sea a nosotros mismos o a los demás. Un ejemplo podría ser cuando sentimos miedo a que nuestra pareja nos sea infiel y estamos veinticuatro horas al día durante más de diecisiete años rastreando pruebas que nos demuestren que nos es infiel. Esto nos lleva a comportarnos con nuestra pareja de una forma desconfiada, obsesiva y asfixiante que muy probablemente empuje a la otra persona a buscar otra pareja. Y ahí mi neocórtex me dirá: «¡Ajá! ¿Lo has visto, Sergi? Menos mal que llevo diecisiete años advirtiéndotelo».

Una de las cosas que este tipo de miedo cognitivo-emocional me ha enseñado es que siempre miente. Cuando siento miedo sé que me estoy autoengañando. Sé que estoy construyendo imágenes en mi mente que no tienen nada que ver con lo que ocurre realmente. Así que es un buen momento para sentarme y aprender a sentir miedo. Es un buen momento para descubrir qué escondo detrás de esta situación que me lleva a querer huir de mi propia vida.

Soy consciente de que vivir una vida humana actualmente aún es doloroso. Aún contenemos tanta ignorancia que hace que situaciones que no comprendemos pasen a ser dolorosas. Me refiero a situaciones como la muerte, la soledad, la enfermedad o la escasez. Pero esto no es suficiente como para perpetuar un hábito que sólo huye y rechaza cualquier sombra con aspecto amenazador.

La invitación está hecha y es clara. Sé honesto y siente miedo cuando lo sientas, pero hazlo conscientemente, porque de ese modo aprenderás a sentirlo y no te gobernará más. Estarás remodelando el diseño de tu arquitectura cerebral a través del simple ejercicio de sentir la emoción que da origen a nuestra mentalidad humana actual, el miedo.

EL PRINCIPIO DE VIDA

Nuestra conciencia no nos pertenece,
le pertenece a su fuente, la conciencia universal.

Permíteme escribir sobre algo de lo que poco se puede decir y que a su vez es muy poco conocido por la gran mayoría de las personas en estos tiempos que corren. Sin embargo, es lo más fundamental, auténtico y real de cualquier forma de vida. Me estoy refiriendo a lo más esencial en cada uno de nosotros, a lo más hermoso, misterioso e inconmensurable que he conocido como ser humano, el Principio de Vida.

No es posible hablar de ello desde una perspectiva verdadera, porque ninguna expresión o idea humana alcanza esa posibilidad de expresión. Sí es posible, en cambio, vivir en tus propias carnes ese *núcleo* de conciencia y compartir desde este otro nivel la experiencia del *núcleo* en ti.

Cuando compartimos la experiencia, lo que nace es una invitación a todo ser viviente a que descubra el nucleo en sí mismo. Cualquier persona que lo descubre se dedica a servir al Principio de Vida, no como un vasallo serviría a su señor, sino en puro agradecimiento a algo que proporciona tu existencia. No son necesarios rituales ni ninguna manera establecida para servir al núcleo. Tú ya eres el servicio en sí mismo, eres una expresión del Principio de Vida.

Descubrirlo no te convierte en mejor persona, ni en más espiritual, ni en maestro o santo. Eres el mismo de antes, pero sabiendo que tu conciencia no te pertenece, sino que le pertenece a esa conciencia universal. Imagínate que llevas puestos unos zapatos azules, pero que nunca lo has sabido. Al no saberlo, llevas toda una vida buscando encontrar unos. De hecho, todas tus decisiones y el sentido que le diste a la vida están basados en encontrar algún día unos zapatos de ese color. Un día, sin saber por qué, tu mirada se posa por primera vez en tus pies y te das cuenta de que llevas puestos los zapatos azules. En ese momento tu perspectiva cambia, el sentido que le diste a la vida desaparece y parece que acaba de ocurrir el cambio más grande de tu vida, pero en realidad no hubo cambio porque esos zapatos siempre estuvieron en tus pies. No eres mejor ahora, pero puede que ya no temas andar por ciertos caminos, porque ahora ya sabes que llevas un tipo de calzado con el que puedes andar sin temor.

Cuando eres consciente de tu Principio de Vida, lo ves también en todo lo que percibes. Es por ello que te conoces siendo uno con todo, porque desde ese nivel del núcleo todo son expresiones de *sí mismo*. Es como mirar una mano y saber que forma parte de tu cuerpo y luego mirar un pie y saber lo mismo, sin confundirte por sus distintas formas y funciones. El hambre, las guerras, los engaños existen porque esta conciencia aún está dormida en la mayoría de las personas.

Es ahí cuando te das cuenta de que una piedra tiene consciencia. No una conciencia, obviamente, desde la que vaya a apetecerle un café con leche, ni tampoco vaya a quejarse de estar miles de años en el mismo lugar asentada. Pero sí una conciencia que le permite ser piedra. Es desde la conciencia del núcleo que también eres consciente de otras formas de inteligencia que hasta ahora habían pasado desapercibidas, como la conciencia de un instante, la del planeta o la de seres conscientes que no necesitan un cuerpo físico, o la misma conciencia universal que las une a todas.

Muchas religiones o movimientos espirituales han hecho suyo este descubrimiento esencial del ser y han establecido sus propias interpretaciones y vías de acceso al núcleo con técnicas y rituales. Éstas no son incorrectas, pero no son la tuya. La tuya es tu propia vida, y si tienes claro esto entonces sí puede ser una fuente de inspiración la vía de otros si estas otras vías forman parte de tu vida.

La mayoría de estas religiones tienen un personaje que accedió a ese Lugar y si te fijas verás que esos personajes accedieron al núcleo sin religiones ni técnicas ni rituales. Accedieron a través de una firme decisión de encontrar en sus vidas su plenitud. Las religiones y los movimientos espirituales aparecieron después de ellos, cuando otros los vieron, les escucharon e interpretaron desde fuera del núcleo sus gestos y palabras.

La verdad, la belleza y la bondad viven dentro de un universo de conciencia que te conoce infinitamente mejor que tú a ti mismo. Tú puede que todavía pienses ser tú, pero Él sabe que eres Él.